마르틴 루터의
단순한 기도

IVP(InterVarsity Press)는
캠퍼스와 세상 속의 하나님 나라 운동을 지향하는
IVF(InterVarsity Christian Fellowship)의 출판부로
생각하는 그리스도인을 위한 문서 운동을 실천합니다.

A Simple Way to Pray ⓒ 2017 Northwestern Publishing House.
Translated and distributed with permission.
All rights reserved.

Korean Edition ⓒ 2020 by Korea InterVarsity Press
156-10 Donggyo-Ro, Mapo-Gu, Seoul 04031, Republic of Korea

마르틴 루터의 **단순한 기도**

김기석 옮김
노종문 해설

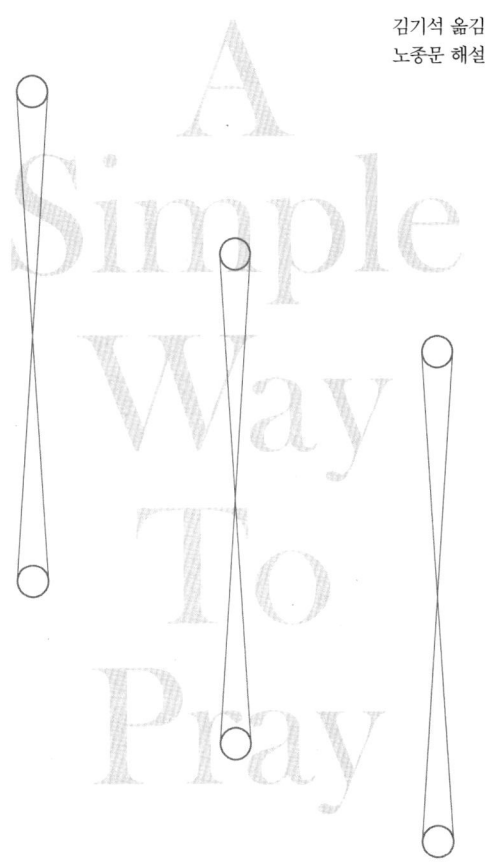

IVP

차례

7   서문

11 이발사 페터 베스켄도르프에게
    보내는 편지 (1535년 봄)

51 해설 (노종문)

서문 – 좋은 친구를 위한 단순한 기도법

루터가 오랫동안 아주 친하게 지낸 친구인 이발사 페터(Peter the Barber)에게 쓴 "단순한 기도"(A Simple Way to Pray)는 자신의 고향을 떠나 추방 상태에 있던 한 사람에게 보낸 편지 한 통 이상의 것으로 남게 되었다. 절박한 상황에 있는 누군가에게 목양적 조언을 주고자 하는 열망에서, 루터는 그의 메시지를 작은 책으로 확장했다.

하나님의 방식은 종종 아주 신비하다. 다음 일이 일어나지 않았더라면, 루터는 아마도 '이 고귀하고 귀중한 소책자'를 쓰지 않았을 것이다. 성이 베스켄도르프(Beskendorf)인 이발사 페터는 1535년 3월 27일, 부활절 전 토요일에 사위의 집에서 열린 가족 모임에서 흥분해 있었다. 그때 페터는 직업이 용병인 사위 디트리히(Dietrich)의 허풍을 증명하려고 했다. 디트리히는 으쓱거리면서, 자신은 칼에 맞아도

끄떡없다고, 그래서 그가 참여한 수많은 전투에서 아무 탈 없이 생환한 것이라고 말했다. 사위의 자랑을 입증해 보이려는 것이었든 아니면 시험해 보려는 것이었든, 술에 취한 페터는 사위의 가슴을 칼로 찔렀다. 이 일로 디트리히는 목숨을 잃었고, 페터는 집과 재산 그리고 시민권까지 잃었다. 루터의 간청과 선제후의 재상인 프란츠 부르카르트(Franz Burkhard)의 호소 덕분에, 그리고 이 노인이 법정에서 유죄로 선고받는 것이 매우 애석한 일이라는 대중의 생각을 반영하여, 페터는 사형 선고 대신 추방형을 받게 되었다. 유배자 페터는 데사우에 피난처를 마련했다.

이 노인은 위로가 필요했고, 또 자신이 사위를 살해했음에도 여전히 하나님의 자녀일 수 있는지를 확실히 알기 원했다. 그는 루터에게 도움을 요청한 것으로 보인다. 루터는 대학의 일과 또 다른 여러 일들로 아주 바쁜 상황이었지만 친구에게 위대한 목회적 섬김을 제공했고, 그 결과 우리 모두 유익을 얻게 되었다. 루터는 기도하는 법에 대한 지침을 제공하는, 제법 긴 편지를 쓰는 데 시간을 들였다. 여기서 루터는 집중해서 기도하고 인격적이고 의미 있게 기도하는 것에 대해 가르치고, 그로써 기도가 또한 배움과 묵상의 도구가 되도록 한다. 동시에 하나님이 우리에게 귀 기울이실 것이라는 확신을 얻게 한다.

루터는 1535년 초에 이 소책자를 페터에게 헌정했고, 비텐베르크의 한스-루프트 출판사가 그것을 출간했다. 그리고 그해에 확장판이 나왔다. 뒤이어 독일에서 여러 다른 판본이 출간되었다. 적어도 17종 이상의 재쇄본과 개정본이 나왔다. 그리고 이러한 초기 출간에 이어, 여러 저지 독일어(독일 표준어인 고지 독일어가 아닌, 북부 독일의 방언) 판본이 나왔고, 라틴어판도 출간되었다.

C. J. 트랩(Trapp)의 영어 번역은 루터의 탄생 500주년을 기념하여 1983년에 처음 출간된 이후 여러 차례 인쇄되었다. 이 책은 종교개혁 500주년인 2017년을 맞아 기쁜 마음으로 이 보석 같은 책자를 약간 개정하여 다시 출간한 것이다.

영어 번역은 『루터 전집』 바이마르판 38권(Weimar Edition XXXVIII, pp. 351-375)에 있는 "Eine einfaltige Weis zu beten für einen guten Freund"라는 제목이 붙은 독일어 본문을 토대로 했다.

일러두기

학자들에 따르면, 처음에는 사도신경 부분이 원작에 포함되지 않았지만 얼마 지나지 않아 덧붙여졌다고 한다.

이발사 페터 베스켄도르프에게　　　　　　1535년 봄
보내는 편지

나는 최선을 다해 내가 어떻게 기도를 드리는지 그대에게 말해 보려 합니다. 주님의 도우심으로 그대와 다른 모든 이가 나보다 기도를 더 잘 드릴 수 있기를 빕니다. 아멘.

　첫째, 처리해야 할 많은 일이나 심란한 생각 때문에(육체와 악마는 늘 기도를 방해하고 가로막습니다) 기도에 냉담해지고 기도의 기쁨을 누리지 못한다고 느끼는 순간, 나는 서둘러 시편을 챙겨 들고 내 방으로 가거나, 아직 대낮이고 기도를 올려야 할 시간이면 회중들이 모여 있는 교회로 갑니다. 그리고 시간이 허락된다면 조용히 나 자신과 대화하거나 십계명 또는 사도신경을 한 구절 한 구절 읊조립니다. 시간이 넉넉할 때는 그리스도의 말씀이나 바울 사도의 말씀 또는 시편 몇 구절을 어린아이의 심정으로 읽습니다.

아침과 저녁에는 기도를 최우선의 일로 삼아야 합니다. 그러기 위해서는 "잠깐, 나는 이따가 한 시간 후에 기도할 거야. 먼저 이런저런 일을 해야 해"라는 거짓되고 현혹시키는 생각으로부터 그대를 지켜야 합니다. 그런 생각들은 기도가 아닌 다른 일에 몰두하게 함으로써 정신을 산란하게 하고, 그날 마땅히 바쳐야 할 기도를 할 수 없게 합니다.

기도보다 더 긴급하고 중요한 것처럼 보이는 일들이 있습니다. 특히 비상한 시기에는 더욱 그렇습니다. 히에로니무스가 한 말, 곧 모름지기 믿는 이들이 해야 하는 일이라고는 기도가 전부이며 "신실하게 사는 이들은 두 번씩 기도해야 한다"는 경구가 있습니다. 일리 있는 말입니다. 믿는 사람은 일을 하는 가운데 하나님을 경외해야 하고, 다른 이들을 학대하거나, 훔치거나, 속여서 빼앗거나, 사기를 치면 안 되기 때문입니다. 그런 생각과 믿음이 그가 하는 일을 기도와 찬양으로 변화시킨다는 것은 의심의 여지가 없습니다.

다른 한편, 비신자의 일은 명백한 저주이기에 믿음 없이 일하는 이들은 이중적 저주를 받는다고 할 수 있습니다. 그는 일을 하는 동안에도 하나님을 무시하고 율법을 어기는 일에 온통 사로잡혀 있고, 어떻게 하면 이웃을 이용

할 수 있을까, 어떻게 하면 그에게서 돈을 훔치고 그를 속일 수 있을까 몰두합니다. 그런 생각이 하나님과 인간에 대한 완전한 저주가 아니면 무엇이겠습니까? 그런 생각은 그 사람이 하는 일과 노력을 자기 저주로 귀착시킨다는 의미에서 이중적 저주라 할 수 있습니다. 결국 그들은 구걸하는 자이며 매사에 서툰 사람들입니다. 그리스도가 누가복음 11장에서 "쉬지 말고 기도하라"(9-13절, 데살로니가전서 5:17)고 가르치신 것은 지속적으로 기도하라는 요청입니다. 우리는 끊임없이 죄와 그릇된 행실을 경계하고, "여호와의 율법을 주야로 묵상하는" 사람이 복이 있다는 시편 1편의 말씀처럼 우리가 하나님을 경외하고 그의 계명을 마음으로 지키지 않으면 할 수 없는 일들에 주목해야 합니다.

그러나 우리는 참된 기도의 습관을 망가뜨리지 않도록 조심하는 한편, 그다지 중요하지 않은 다른 일들을 마치 긴요하고 긴급한 일인 것처럼 상상하지 말아야 합니다. 그렇지 않으면 우리는 결국 기도에 태만해지거나 게을러지고, 냉담하고 굼뜬 사람이 되고 말 것입니다. 우리를 공격하는 악마는 게으르거나 어리석지 않습니다. 그리고 우리의 육체는 죄를 지을 만반의 준비를 갖추고 있고 기도의 영에 이끌리지 않습니다.

주기도

기도문을 암송하다가 그대의 마음이 뜨거워지고 기도에 열중하게 될 때, 무릎을 꿇거나 서서 두 손을 가슴 앞에 모으고 하늘을 우러러보며 할 수 있는 한 단순하게 다음과 같이 고백하거나 생각하십시오. "하늘에 계신 우리 아버지, 저는 가련하고 무익한 죄인입니다. 저는 감히 주님을 우러르거나 손을 들어 올려 기도할 수 없는 사람입니다. 그러나 주님은 우리 모두에게 기도하라 이르셨고, 그 기도를 들으시겠다고 약속하셨습니다. 또한 당신의 아들 예수 그리스도를 통해 어떻게 그리고 무엇을 구해야 할지 가르치셨기에, 저는 은혜로운 약속을 신뢰하며 주님의 말씀에 순종하여 주님 앞에 나왔습니다. 저는 주님이 우리에게 가르치신 대로 모든 성자와 이 땅의 믿는 이들과 더불어 주 예수 그리스도의 이름으로 기도합니다." 처음부터 끝까지 한 단어 한 단어를 새기십시오. 그런 후에 한 구절 또는 그대가 바라는 만큼을 반복하십시오.

첫 번째 간구. "아버지의 이름을 거룩하게 하시며." 이렇게 기도하십시오. "그렇습니다, 주 우리 하나님, 당신의 이름이 우리 안에서 그리고 세계 곳곳에서 거룩하기를 빕니다. 혐오에 사로잡힌 자와 우상 숭배자, 무슬림과 교황주의자, 모든 거짓 교사, 그리고 주님의 이름을 오용할 뿐 아니라 수치스럽게 사용함으로써 그 거룩한 이름을 헛되게 만들고 신성 모독을 일삼는 광신자들을 멸하시고 뿌리 뽑아 주십시오. 그들은 자기들이 주님의 말씀과 교회의 법도를 제대로 가르친다고 고집스럽게 자랑합니다. 하지만 실상은 주님의 이름으로 악마의 거짓과 속임수를 써서 세상에 있는 가련한 영혼들을 치명적으로 유혹하고, 심지어 죽이며, 많은 무죄한 이의 피를 흘리게 하면서도 자기들이 주님의 영광을 위해 일한다고 믿고 있습니다.

주님, 우리를 변화시켜 주시고 자제시켜 주십시오. 여전히 변화되어야 할 사람들을 변화시키셔서 우리와 그들이 그리고 그들과 우리가 참되고 순수한 교리와 더불어 선하고 거룩한 삶으로 주님의 이름을 높이고 찬양하게 해 주십시오. 변화되기를 꺼리는 이들을 꾸짖으시어 그들이 주님의 이름을 오용하거나 더럽히지 못하게 해 주시고 더 나아가 가련한 사람들을 오도하지 못하도록 막아 주십시오. 아멘."

두 번째 간구. "아버지의 나라가 오게 하시며." 이렇게 기도하십시오. "오, 우리 아버지이신 주 하나님, 주님은 세속적 지혜와 이성이 어떻게 당신의 이름을 속되게 하고, 주님께 귀속되어야 할 영광을 거짓과 악마에게 돌리는지, 그리고 주님이 세상을 잘 다스리고 당신의 뜻을 온전히 수행하라고 부여하신 힘과 권세, 부와 영광을 어떻게 사유화하고 주님 나라를 거스르는 자신들의 포부를 위해 사용했는지 잘 아십니다. 그들은 많고 강력합니다. 연약하고 멸시받으며 소수에 지나지 않는 주님 나라의 적은 무리를 괴롭히고 방해합니다. 지상에 있는 주님의 백성을 너그러이 대하지 않을 뿐만 아니라, 그 적은 무리를 괴롭히면서도 주님이 맡기신 크고 거룩한 사역을 감당하고 있다고 생각합니다. 오, 우리 아버지이신 주 하나님, 그들을 변화시켜 주시고 우리를 지켜 주십시오. 여전히 하나님 나라 백성이 되고자 하는 이들을 변화시켜 주셔서, 우리와 그들이 그리고 그들과 우리가 참된 믿음과 거짓 없는 사랑으로 주님 나라 안에서 당신을 섬기게 해 주십시오. 그러면 우리는 이미 시작된 주님 나라를 거쳐 주님의 영원한 나라에 들어갈 것입니다. 자신들에게 부여된 힘과 권세를 주님 나라를 파괴하는 데 사용하는, 파렴치한 죄의 길에서 떠나지 않는 이들로부터 우리를 지켜 주십시오. 그들은 권좌에서 쫓겨나 수치스러워질 때에야 비로소 자기들의 일을 그칠 것입니다. 아멘."

세 번째 간구. "아버지의 뜻이 하늘에서와 같이 땅에서도 이루어지게 하소서." 이렇게 기도하십시오. "오, 주 우리 아버지이신 하나님, 세상이 주님의 이름을 망가뜨리거나 주님의 나라를 뿌리째 뽑아내지는 못한다 해도 당신은 주님의 이름과 말씀 그리고 하나님 나라와 당신의 백성을 파괴하려고 악인들이 밤낮없이 분주하게 꾸며 대는 사악한 속임수와 계획, 낯선 음모와 간계를 잘 아십니다. 그들은 비밀스런 모임을 만들고, 서로 돕고 격려하면서, 격노와 위협을 그치지 않습니다. 주 우리 아버지 하나님, 그들을 변화시켜 주시고 또한 우리를 지켜 주십시오. 주님의 선한 뜻을 시인하게 된 사람들을 변화시켜 주셔서, 우리와 그들이 그리고 그들과 우리가 주님의 뜻에 순종하게 하시고 주님을 위해 기쁘고 참을성 있으며 즐겁게 모든 악과 십자가와 역경을 견디게 해 주시고, 그렇게 함으로써 주님의 자비롭고 은혜롭고 완전하신 뜻을 인정하고 확인하며 경험하게 해 주십시오. 그러나 격분, 분노, 증오, 위협, 그리고 우리를 끊임없이 괴롭히는 악한 욕망으로부터 우리를 지켜 주십시오. 그들의 사악한 계획과 속임수와 무기가 헛된 것이 되게 해 주시고, 우리가 시편 7편으로 노래하는 것처럼 그 모든 것이 그들에게 돌아가게 해 주십시오."

네 번째 간구. "오늘 우리에게 일용할 양식을 주시고."

이렇게 기도하십시오. "우리 아버지이신 주 하나님, 이 현세적이고 물리적인 삶의 현실 속에서 주님의 은총을 우리에게 부어 주십시오. 전쟁과 무질서로부터 우리를 지켜 주십시오. 우리의 소중한 황제에게 원수들과 대비되는 가멸진 행운과 성공을 허락해 주십시오. 지혜와 이해력을 허락해 주시어 그에게 위임된 지상의 나라를 평화와 번영의 길로 이끌게 해 주십시오. 세상의 모든 왕과 제후들, 통치자들에게 적절한 조언을 해 주시고, 그들의 영토와 백성들을 평강과 정의 가운데 지켜 내려는 굳은 의지를 허락해 주십시오. 특히 우리의 제후 N.―주님 당신은 그의 보호와 그가 예비한 피난처로 우리를 돌보십니다―을 도와주시고 이끌어 주십시오. 그래야만 그가 모든 악한 일들로부터 보호를 받아 자비롭게 통치할 것이고, 악한 혀와 불충한 사람들의 위협으로부터 안전할 수 있을 것이기 때문입니다. 백성들에게도 그를 충성되게, 순종하는 마음으로 섬길 수 있는 은총을 허락해 주십시오. 모든 거주민과 농부들로 하여금 부지런하게 해 주시고, 서로에게 자비와 충의를 보이며 살게 해 주십시오. 좋은 일기와 풍성한 수확을 허락해 주십시오. 저는 제 집과 재산, 아내와 아이를 당신께 맡깁니다. 저로 하여금 그들을 잘 보살피게 해 주시고, 그리스도인으로서 마땅한 삶을 살아 내도록 잘 돕고 가르치게 해 주십시오. 이생에서 우리를 해치고 화를 끼치려 하는 파괴자 악마와 그가 부리는 모든 사악한 영들로부터 우리를 지켜 주십시오. 아멘."

다섯 번째 간구. "우리가 우리에게 잘못한 사람을 용서하여 준 것같이, 우리 죄를 용서하여 주시고." 이렇게 기도하십시오. "오, 자비로우신 아버지 하나님, 우리를 심판의 자리로 이끌지 말아 주십시오. 살아 있는 사람은 누구라도 주님 앞에서 의롭다 할 수 없습니다. 영적이든 육적이든 주님의 형용할 수 없는 선하심을 덧입고도 감사할 줄 몰랐던 우리의 잘못을 죄악으로 간주하지 말아 주십시오. 우리는 하루에도 여러 번, 시편 19편을 통해 깨닫고 인식하는 것보다 더 자주 죄에 빠져들었습니다. 지난날 우리가 얼마나 선했는지 혹은 악했는지 살피지 마시고, 당신의 아들 그리스도 안에서 우리에게 베풀어 주셨던 무한한 자비만 기억해 주십시오. 우리가 마음으로부터 그들을 용서한 것처럼, 우리를 해치거나 우리에게 잘못을 행했던 이들을 용서해 주십시오. 그들은 우리에게 행한 행위로 인해 주님의 분노를 불러일으킴으로써 스스로에게 가장 큰 위해를 가했습니다. 그들이 파멸한다고 하여 우리가 더 나아지는 것도 아닙니다. 그들이 우리와 더불어 구원을 받는 편이 훨씬 더 나을 것입니다. 아멘."(도저히 용서할 수 없을 것 같다고 하는 누군가가 있다면, 용서할 수 있도록 은총을 구하게 하십시오. 그런데 이것은 설교에 알맞은 것입니다.)

여섯 번째 간구. "우리를 시험에 빠지지 않게 하시고." 이렇게 기도하십시오. "오, 자비로우신 아버지 하나님, 우리로 하여금 준비되어 있고 늘 깨어 있게 해 주시고, 우리가 마치 모든 것을 이루기라도 한 것처럼 자기만족에 빠지거나 게으름과 나태함에 사로잡히지 않도록 주님의 말씀과 예배에 대한 열망과 근면함을 유지하게 해 주십시오. 그래야 두려운 악마가 우리를 덮치거나 놀라게 하거나, 주님의 보배로운 말씀을 우리에게서 빼앗아 가거나, 우리 가운데 갈등과 분열을 조장하고, 영적으로 물리적으로 또 다른 죄와 불명예에 빠지게 하지 못할 것입니다. 우리에게 주님의 영을 통해 지혜와 능력을 더해 주셔서 악마에게 용감하게 대적하고 승리를 얻게 해 주십시오. 아멘."

일곱 번째 간구. "악에서 구하소서." 이렇게 기도하십시오. "오, 자비로우신 아버지 하나님, 이 가련한 인생은 비참과 불행, 위험과 불확실성, 악의와 불신앙으로 가득 차 있습니다("때가 악하니라"고 한 바울 사도의 말처럼). 그래서인지 우리는 점점 삶에 지쳐 죽음을 열망하고 있습니다. 그러나 자비하신 아버지는 우리의 연약함을 아시기에 만연한 사악함과 악행으로부터 우리를 안전하게 지켜 주십니다. 우리의 마지막 때가 이르렀을 때 주님의 자비하심으로 이 슬픔의 골짜기를 복되게 떠나게 해 주시고, 죽음의 면전에서 두려워하거나 낙담하지 않고 확고한 믿음 가운데 우리 영혼을 주님의 손에 맡기게 해 주십시오. 아멘."

마지막으로, 늘 확신을 가지고 "아멘!" 하고 응답해야 함을 잊지 마십시오. 하나님이 자비하심으로 그대의 기도를 들으시고 그 기도에 "그렇다"라고 응답하심을 의심하지 마십시오. 홀로 무릎을 꿇고 있거나 서 있다고 생각하지 마십시오. 오히려 모든 기독교 세계와 모든 신실한 그리스도인들이 그대 곁에 서 있고, 그대는 그들과 함께 하나님이 결코 외면하지 않으실 공통의 간구를 드리고 있다고 생각하십시오. "그래, 하나님이 나의 기도를 들으셨어. 나는 이것을 분명히 알고 있어"라고 말하거나 생각하지 않은 채 기도로부터 벗어나지 마십시오. 이것이 아멘의 의미입니다.

그대가 기도 중에 이런 구절을 기계적으로 반복해야 한다는 말은 물론 아닙니다. 그렇게 하는 것은 의미 없는 중얼거림이나 쓸모없는 말을 하는 것에 지나지 않습니다. 또한, 평신도들이 바치는 로사리오 기도나 사제와 수도승들이 전례 책에 나오는 기도문 구절을 글자 그대로 읽는 것과 다를 바 없습니다. 나는 오히려 주기도에서 반드시 이해해야 하는 생각들로 그대의 마음이 뜨거워지고 그대가 적절히 인도받을 수 있기를 바랍니다. 그대의 마음이 바르게 뜨거워지고 기도를 드리고자 하는 마음이 절실하다면, 이런 생각들은 여러 다른 방식으로, 많은 말로든 적은 말로든 표현될 것입니다. 나는 스스로를 그런 말이나 구문에 묶어 두지 않습니다. 나는 오늘은 이런 방식, 내일은 다른 방식으로, 나의 기분이나 느낌에 따라 기도를 드립니다. 그러나 할 수 있는 한 동일한 생각과 표상에 머무르려고 합니다. 어떤 때는 하나의 간구 속에 담긴 다양한 생각들에 빠져 다른 여섯 가지 간구를 놓칠 때도 있습니다. 그런 좋은 생각들이 한꺼번에 밀려올 때면 다른 간구들을 잠시 미뤄 두는 것이 좋습니다. 그런 생각들이 피어날 여지를 마련해 주고, 침묵 가운데 경청하며, 어떤 경우라도 그 생각들을 저지해서는 안 됩니다. 성령은 거기서 말씀하십니다. 그리고 성령을 통해 배우는 한마디의 가르침은 수천 마디의 기도보다 낫습니다. 나는 많은 독서와 숙고로부터 배운 것보다 한마디 기도에서 배운 것이 더 많다는 사실을 깨닫곤 했습니다.

우리 마음이 기도할 준비가 되고 또 기도의 열망에 사로잡히는 것이 참 중요합니다. "기도는 마음으로 준비하여라. 하나님을 떠보는 자처럼 행동해서는 안 된다"(집회서 18:23)는 말씀을 명심하십시오. 그대가 실없는 말을 지껄이고, 마음이 딴 생각에 사로잡혀 떠돌고 있다면 그게 바로 하나님을 시험하는 것이 아니고 무엇이겠습니까? 그렇다면 이런 기도를 드리는 사제와 다를 바 없습니다. "언제나 나의 보호자가 되시는 하나님(*Deus in adjutorium meum intende*). 머슴아, 말들을 풀어 놓았니? 언제나 나의 도움이 되시는 하나님(*Domine ad adjuvandum me festina*). 하녀야, 밖에 나가 소젖을 짜렴. 성부와 성자와 성령께 영광을(*Gloria patti et filio et spiritui sancto*). 이런 망할, 염병할!" 나는 교황 제도 하에서 이와 유사한 기도를 많이 들었습니다. 그들의 기도는 대체로 이런 식이었습니다. 이것은 하나님에 대한 모독입니다. 그들이 바른 기도를 드릴 수 없거나 그럴 능력이 없어서 그랬더라면 차라리 나을 것입니다. 유감스럽게도 나 또한 많은 경우 그런 형식적인 기도를 드렸고, 그런 식으로 기도를 시작했는지 아니면 기도 중인지 의식하기도 전에 시편이나 정해진 기도 시간이 끝나 버리기도 했습니다.

모든 사람이 앞서 얘기한 성직자처럼 단어들을 의미 없

이 내뱉거나 일과 기도를 뒤섞는 것은 아니지만, 그들은 마음에 불쑥 떠오르는 생각들 때문에 그렇게 하곤 합니다. 이런저런 생각에 사로잡히다 보니 기도 시간이 지난 후에는 자기들이 무슨 기도를 했는지 무슨 말을 했는지도 알지 못합니다. 그들은 찬미로 시작하지만 곧바로 어리석은 자의 낙원에 들어갑니다. 만일 차갑고 분산된 마음으로 기도를 드릴 때 우리 마음에서 일어나는 일을 누군가 볼 수 있다면, 이토록 우스꽝스럽고 저속한 익살은 본 적이 없다고 말할지도 모릅니다. 그러나 찬미 받으소서 주님, 자기가 무슨 말을 하는지도 모르고 기도하는 사람은 제대로 기도한 적이 없음이 분명합니다. 제대로 된 기도를 바친 기도자는 자신이 기도할 때 쓴 모든 단어와 생각을 처음부터 끝까지 온전히 기억하기 마련입니다.

선하고 사려 깊은 이발사는 자기 생각과 주의 그리고 시선을 면도날과 머리칼에 집중할 것이고, 면도와 이발을 어느 정도 진행했는지 망각하지 않습니다. 만일 그가 대화에 너무 빠지거나 이런저런 생각에 사로잡히거나 다른 곳을 바라본다면, 고객의 입이나 코, 심지어 목에 상처를 입힐 수도 있지 않겠습니까? 이처럼 어떤 일을 제대로 해내려면 모든 감각과 신체 기관을 한 가지 일에 집중해야 합니다.

"많은 것을 생각하는 사람은 아무것도 생각하지 않을 뿐만 아니라 아무 일도 바르게 행하지 못한다"(*Pluribus intentus, minor est ad singula sensus*)는 격언도 있습니다. 좋은 기도를 드리려면 집중과 마음의 단순함이 요구된다는 사실은 더 말할 나위도 없습니다.

이것이 내가 기도를 할 때 주기도를 사용하는 방식입니다. 지금까지도 나는 마치 어린아이가 젖을 찾듯, 나이가 지긋한 사람이 먹고 마시면서도 질리지 않듯, 주기도를 드리고 있습니다. 바로 이것이 내게는 친숙한 시편 기도보다도 더 소중한 최고의 기도입니다. 진짜 전문가라면 이것을 잘 결합하고 제대로 가르칠 것입니다. 이렇게 위대한 기도를 그렇게도 불손하게 주절거리고 중언부언한다면 그야말로 딱하기 그지없는 노릇입니다. 사람들은 일 년에도 수천 번씩 주기도를 바칩니다만, 천년을 지속한다 해도 그런 방식에서 벗어나지 못한다면 그들은 주기도를 맛본 적도 없고, 일점일획도 제대로 기도한 것이 아닙니다. 한마디로, 주기도는 이 지상에서 가장 많이 순교를 당하는 셈이지요 (주님의 이름과 말씀이 그러하듯이). 모든 이가 그것을 곡해하고 남용합니다. 소수의 사람들만 주기도를 제대로 드림으로써 위안과 기쁨을 누립니다.

십계명

주기도를 꼼꼼하게 살펴볼 시간과 기회를 누렸으니, 십계명도 그렇게 해 보고 싶습니다. 하나하나 차례대로 살펴 나가되 가능한 한 기도하기 위해 정신을 집중하고 싶습니다. 나는 각 계명을 네 부분으로 나누려 합니다. 그렇게 함으로써, 네 가닥으로 된 화관처럼 엮어 보고자 합니다. 먼저, 각각의 계명이 애초 의도된 바와 같이, 나는 이를 교훈이라 생각하기에, 주 하나님이 내게 그렇게 진지하게 요구하시는 바가 무엇인지 숙고해 보려 합니다. 둘째, 나는 그것을 감사로 바꾸려 합니다. 셋째는 고백, 넷째는 기도입니다. 나는 이것을 다음과 같은 생각과 언어 속에 담으려 합니다.

"나는…네 하나님 여호와니라. 너는 나 외에는 다른 신들을 네게 두지 말라." 나는 하나님이 모든 면에서 내가 그분을 신실하게 신뢰할 것을 기대하시고 또 가르치신다는 것, 그리고 바로 그것이 하나님이 나의 하나님이 되신 가장 진실한 목적이라고 믿어 의심치 않습니다. 나는 영원한 구원을 잃어버릴 위험을 무릅쓰고라도 하나님에 대해 그렇게 생각해야 합니다. 내 마음이 다른 어떤 것 혹은 다른 것에 대한 신뢰 위에 세워져서는 안 됩니다. 부, 명예, 지혜, 권력, 경건, 다른 무엇도 마찬가지입니다. 둘째, 나는 하나님이 내게 베푸신 그 자애롭고 자발적이며 대가를 바라지 않는 무한한 사랑에 감사합니다. 하나님은 내가 곤경에 처할 때마다 나의 하나님이 되셨고 돌보아 주셨으며, 위로와 보살핌과 도움과 힘이 되어 주셨습니다. 만일 하나님이 우리의 하나님이 되시기 위해 우리의 언어로 말씀하실 때 그것을 제대로 알아들을 능력을 주시지 않았다면 이 가련한 인생은 지금껏 그렇게도 많은 신을 찾아다녔듯 앞으로도 그러했을 것입니다. 무궁한 세월이 흐른다 해도 그 은혜에 다 감사할 수 없습니다. 셋째, 나는 그런 숭고한 가르침과 나의 전 생애를 두루 관통하며 주어진 그 값진 선물을 부끄럽게도 소홀히 여긴 큰 죄와 불충을, 무수히 저지른 우상숭배의 죄로 인해 주님의 크신 진노를 일으켰음을 고백하고 인정하지 않을 수 없습니다. 나는 이 모든 것을 참회하고 주님의 은총을 빌 뿐입니다. 넷째, 나는 이렇게 기도합니다. "오, 주 나의 하나님, 주님의 은총으로 저를 도우셔서 날마다 주님의 계명들을 충분히 배우고 익히게 해 주시고, 신실한 확신 속에서 그 계명을 따라 살게 해 주십시오. 저의 마음을 지켜 주셔서 다시는 은혜를 망각하거나 배은망덕한 삶을 살지 않게 해 주십시오. 다른 신들을 찾지 않게 해 주시고, 지상의 것들이나 다른 피조물에게서 위로를 구하지 않게 해 주십시오. 오직 한 분이신 하나님만 바라보며 살게 해 주십시오. 아멘, 주 아버지 하나님. 아멘."

그런 후에 시간과 그럴 의향이 있다면, 두 번째 계명을 첫 번째 계명과 마찬가지로 네 줄기로 살펴보면 됩니다. "너는 네 하나님 여호와의 이름을 망령되게 부르지 말라." 첫째, 나는 하나님의 이름을 존경과 거룩함과 아름다움과 더불어 간직해야 함을 배웁니다. 맹세하지 말고, 저주하지 말고, 자랑하지 말고, 나 자신의 명예와 명성을 구하지 말고, 오직 겸허하게 그분의 이름을 부르고, 기도하고 경배하고 찬양하며, 그분이 나의 하나님이시고 나는 그분의 미천한 피조물인 동시에 무익한 종이라는 사실을 유일한 명예와 영광으로 여겨야 합니다. 둘째, 나는 이 값진 선물로 인해 주님께 감사합니다. 주님은 그분의 이름을 내게 가르쳐 주셨고 그 이름의 은총을 내게 주셨습니다. 이로 인해 나는 그분의 이름을 높이고 하나님의 종이자 피조물이라 일컬음 받았으며, 그분의 이름은 솔로몬이 말한 것처럼 오직 의로운 사람이 피하고 보호받을 든든한 요새와 같은 피난처가 되었습니다. 셋째, 나는 살아가는 동안 그 계명을 거슬러 심각하고도 부끄러운 죄를 지었음을 고백하고 자복합니다.

나는 주님의 거룩한 이름을 부르고 높이며 영예롭게 하지 못했고, 값없이 주어진 선물에 신실하지 못했습니다. 오히려 부끄러운 일과 죄에 빠져 헛되이 맹세했고 거짓말을 했으며 배신하고 그 이름을 오용했습니다. 나는 통회하며 주님의 은총과 용서를 빌 뿐입니다. 넷째, 나는 이제부터 이 계명을 배울 수 있게 해 달라고, 주님의 이름을 거스르는 사악한 배덕과 잘못과 죄로부터 지켜 달라고 주님의 도우심과 힘을 구합니다. 그래야만 나는 기쁘게 그의 이름을 높이고 기릴 수 있을 것입니다.

여기서 나는 앞서 주기도에 대한 설명에서 언급했던 것을 반복하려 합니다. 만일 그렇게 숙고하는 가운데 성령이 그대의 마음속에 풍부하고 깨우침을 주는 생각을 불어넣으시면 지금까지의 설명에 집착하지 말고 그분을 기리십시오. 마음을 고요하게 하고 그대보다 모든 것을 더 잘하시는 분의 뜻을 경청하십시오. 그분의 말씀을 잊지 말고 잘 기록하십시오. 그러면 다윗이 말한 바와 같이 하나님의 율법 안에서 놀라운 일들을 보게 될 것입니다.

세 번째 계명. "안식일을 기억하여 거룩하게 지키라." 나는 먼저 이 계명에서 안식일이 게으른 삶이나 세상의 쾌락에 탐닉하라고 주어진 것이 아니라, 그날을 거룩하게 지키라고 제정되었다는 사실을 배웁니다. 그러나 그날은 우리가 하는 일이나 행위—우리가 하는 일들은 거룩하지 않습니다—에 의해 거룩해지는 것이 아니라 오직 하나님의 말씀에 의해 거룩해집니다. 오직 하나님의 말씀만 순결하고 거룩하기에, 시간이든 장소든 사람이든 노동이든 휴식이든 말씀이 가닿는 모든 것은 거룩해집니다. 사도 바울은 디모데전서 4장에서 모든 것이 하나님의 말씀과 기도로 거룩해진다고 말했습니다. 우리가 하는 모든 일은 말씀을 통해 거룩해집니다. 따라서 나는 안식일에는 무엇보다도 하나님의 말씀을 듣고 묵상해야 함을 깨닫습니다. 나는 나 자신의 언어로 주님께 감사하고, 베풀어 주신 모든 것을 찬양하며, 나 자신과 온 세계를 위해 기도를 올립니다. 안식일에 그렇게 행하는 사람은 그날을 거룩하게 지키는 것입니다. 그렇게 하지 못하는 사람은 안식일에 일하는 사람보다 더 못하다고 할 수 있습니다.

둘째, 내가 이 계명에 감사하는 것은 말씀의 선포를 통해 우리에게 주신 주님의 위대하고 아름다운 선하심과 은총 때문입니다. 주님은 특히 안식일에 그것을 잘 사용하도록 가르쳐 주셨습니다. 사람의 묵상은 그런 보화를 결코 소멸시킬 수 없습니다. 주님의 말씀은 이생의 어둠을 밝히는 유일한 빛이고 생명의 말씀이자 위로이며 최상의 복입니다. 이 값진 구원의 말씀이 없는 곳에서는 무섭고 떨리는 어둠, 잘못과 분열, 죽음과 온갖 재난, 악마의 지배 말고는 아무것도 남지 않습니다. 이것은 우리가 날마다 목도하는 바입니다.

셋째, 나는 내가 저지른 큰 죄와 사악한 배은망덕을 고백하고 인정합니다. 그것은 내가 지금까지 안식일을 욕되게 사용했으며 주님의 값지고 소중한 말씀을 형편없이 취급했기 때문입니다. 나는 말씀을 듣는 일에 너무 게을렀고 열의를 내지 않았으며 흥미도 없었습니다. 이제는 그 말씀을 진실되게 갈망하고 감사함으로 수용할 수 있기를 빌 뿐입니다. 나는 좋으신 하나님이 그분의 말씀을 내게 헛되이 선포하시게 했고, 그 귀한 보물을 물리쳤으며, 발아래 짓밟기까지 했습니다. 그럼에도 불구하고 하나님은 크고 거룩하신 자비로 참아 주셨고, 자애롭고 거룩한 사랑과 신실하심으로 내게 말씀을 선포하시고 내 영혼을 구원으로 초대하는 일을 중단하지 않으셨습니다. 이로 인해 나는 회개하며 은총과 용서를 구합니다.

넷째, 나는 나 자신과 온 세계를 위하여 이렇게 청합니다. "은혜로우신 아버지, 우리의 죄와 배은망덕과 게으름 때문에 거룩한 말씀을 거두어 가지 마시고 거룩한 말씀 가운데 우리를 지켜 주십시오. 분열의 영과 거짓 교사들로부터 우리를 지켜 주시고, 추수를 위해 신실하고 정직한 일꾼들, 즉 경건한 목사들과 설교자들을 보내 주십시오. 우리에게 은총을 베푸시어 그들이 전하는 말과 그들 자신의 말을 겸허한 마음으로 듣고 수용하며 공경하면서 참된 감사와 찬송을 주님께 드리게 해 주십시오."

네 번째 계명. "네 부모를 공경하라." 첫째, 나는 나의 창조자이신 하나님을 인정하는 법을 배웁니다. 하나님은 나의 몸과 영혼을 얼마나 경이롭게 창조하셨는지요. 하나님은 나의 부모님을 통해 내게 생명을 주셨을 뿐만 아니라, 힘을 다하여 그들 몸의 열매인 나를 돌볼 열정을 심어 주셨습니다. 주님은 나를 이 세상에 보내시고, 내 생명을 유지하고 보살피셨으며, 위험과 근심과 고된 일을 거치는 동안 부지런함과 신중함과 깊은 관심으로 나를 양육하고 가르치셨습니다. 지금 이 순간까지도 주님은 그분의 피조물인 나를 지키시고, 허다한 위험과 근심이 닥쳐올 때도 나를 도와주십니다. 이는 주님이 나를 매 순간 새롭게 창조하시는 것과 마찬가지입니다. 그러나 악마는 한순간도 우리를 내주려 하지 않습니다.

둘째, 나는 나 자신과 온 세계에 베푸신 주님의 풍성하고 은혜로운 은총에 감사합니다. 주님은 이 계명을 통해 인류, 즉 가속들과 나라들이 성장하고 존속되도록 도와주셨고 또한 보증해 주셨습니다. 이 두 제도 혹은 통치 체제가 없다면 세상은 일 년도 버틸 수 없을 것입니다. 통치 체제가 없다면 평화도 없을 것이고, 평화가 없는 곳에는 가족도 없을 것이며, 가족이 없다면 아이를 낳거나 양육할 수도 없을 것이고, 부성이나 모성도 사라질 것이기 때문입니다. 가족과 나라를 지키고 보존하고, 아이들과 하속들에게 순종하도록 가르치며, 이를 하게 하는 것 그리고 어떤 잘못도 처벌받지 않고 넘어가는 일이 없도록 하는 것이 이 계명의 목적입니다. 그렇게 하지 않으면 아이들은 불순종하여 가족 관계를 해칠 것이고, 하속들은 부모와 통치자보다 수가 많기에 서슴없이 나라를 망가뜨리고 황폐하게 만들 것입니다. 이 계명의 유익함을 필설로 다 형용하기란 여간 어려운 일이 아닙니다.

셋째, 나는 내 사악한 불순종과 죄를 고백하고 탄식합니다. 하나님의 계명에도 불구하고 나는 부모님을 공경하지 않았고 순종하지도 않았습니다. 나는 종종 그분들을 화나게 하고 불쾌하게 했고, 그분들이 내게 행한 부모로서의 훈

육을 인내하지 못했으며, 사랑의 훈계를 원망하거나 조롱하기까지 했고, 제멋대로인 친구들과 나쁜 동료들과 어울렸습니다. 하나님은 그런 불순종하는 자녀들을 꾸짖으시고 그들에게서 소중한 생명을 거두십니다. 그들 중 많은 이가 어른이 되기 전에 수치 속에서 쓰러지고 파멸합니다. 아버지와 어머니에게 순종하지 않는 이는 누구나 사형 집행인에게 순종하는 셈이며, 결국은 하나님의 진노하심을 통해 지독한 결말에 이릅니다. 나는 이 모든 것을 참회하며 은총과 용서를 구합니다.

넷째, 나는 가정과 나라에 은총과 복을 넉넉하게 내려 달라고 나 자신과 온 세상을 위해 주님께 기도합니다. 이 시간 이후부터 우리가 경건하게 살고 부모님을 공경하며 윗사람들에게 복종하고 악마가 불순종과 반역을 획책할 때 저항하게 해 주셔서, 우리의 그러한 실천을 통해 가정과 나라가 발전하고 평화가 정착되며 우리 자신의 유익과 모든 이의 번영이 결과적으로 하나님께 바치는 찬양과 영광이 되게 해 주시기를 빕니다. 또한 이 모든 것이 주님의 선물임을 인정하며 그로 인해 감사할 수 있기를 빕니다.

한 가지 덧붙일 것이 있습니다. 우리는 우리 부모님과 윗사람들을 위해서도 기도를 드려야 합니다. 하나님이 그들에게 이해력과 지혜를 더해 주셔서 우리를 평화와 행복 속에서 지배하고 다스릴 수 있게 해 달라고 말입니다. 또한 하나님이 학정과 방탕과 격정으로부터 그들을 지키셔서, 그들이 하나님의 말씀을 무시하지 않고 오히려 경외하게 하시며 누구를 박해하거나 불의를 행하지 않게 해 달라고 기도해야 합니다. 사도 바울이 가르쳤던 것처럼 이 같은 놀라운 선물들은 기도 이외의 것으로는 얻을 수 없습니다. 그렇지 않으면 악마가 궁궐에서 다스릴 것이고 모든 것이 혼돈과 무질서 속에 빠져들 것입니다.

그대가 아버지 혹은 어머니라면 그대 집의 자식들과 일하는 이들을 기억해야 합니다. 그대를 그분의 이름으로 명예의 자리에 세우시고 '아버지'라는 영광스러운 이름을 얻게 하신 좋으신 아버지께 진실되게 기도해야 합니다. 그대의 아내와 자식들과 종들을 경건하고 기독교인다운 방식으로 돌보고 부양할 수 있도록 은혜와 축복을 주시길 청하십시오. 그들을 마음과 뜻으로 잘 훈련함으로써 그들이 주님의 가르침을 따라 살도록 도와줄 지혜와 힘을 주시기를 빕니다. 그대의 자식들은 하나님의 선물입니다. 그리고 그들이 잘살 뿐만 아니라 그런 삶을 유지할 수 있는 것도 모두 하나님의 선물입니다. 그렇지 않다면 가정은 돼지우리에

불과하고 학교는 악한들의 소굴에 지나지 않을 겁니다. 무뢰한들과 불경건한 자들에게서 보는 바와 같이 말입니다.

다섯 번째 계명. "살인하지 말라." 이 계명을 통해 나는 하나님이 내가 이웃을 사랑하기를, 그래서 말이나 행동으로 그들에게 신체적인 위해를 가하지 않고, 분노와 괴롭힘과 시기와 증오 혹은 다른 어떤 이유로 그에게 상해를 입히거나 보복하지 않으며, 그의 육체적인 필요에 응답하고 돕기를 바라신다는 사실을 깨닫습니다. 이 계명을 통해 하나님은 내게 이웃의 몸을 보호하라 명하시고, 이웃에게는 내 몸을 보호하라 명하십니다. 시락이 말한 것처럼 "하나님은 우리 각자에게 그분의 이웃을 맡기셨습니다."

둘째, 나는 하나님이 내게 베푸신 형용할 수 없는 사랑과 섭리와 신실하심에 대해 감사합니다. 하나님은 나의 육체를 안전하게 지키시기 위해 이 강력한 방패와 벽을 세우셨습니다. 이 모든 것이 나를 돌보고 지키기 위해 존재합니다. 반대로, 나는 타자들을 향해 그렇게 해야 합니다. 주님은 이 계명을 확인하시며, 이것이 준수되지 않는 곳에 계명을 따라 살지 않는 이들을 심판할 칼을 세우셨습니다. 이 탁월한 계명과 규정이 없다면 악마는 사람들 사이에 대량 학살이 일어나도록 선동하여 사람들이 단 한 시간도 안전하게 살 수 없도록—하나님이 불순종하고 감사할 줄 모르는 세상에 대해 화가 나 심판을 내리실 때와 마찬가지로—만들 것입니다.

셋째, 나는 나와 세상의 악독함을 고백하고 참회합니다. 우리는 우리를 향한 자애로운 주님의 사랑과 심려에 대해 도무지 감사할 줄 모르는 사람들입니다. 또한 이 계명과 가르침을 인정하지 않을 뿐만 아니라 배울 생각조차 품지 않으며, 마치 그것이 우리와 무관한 것이거나 우리의 일부가 아닌 양 소홀히 여긴다는 사실은 특히 부끄러운 일입니다. 이 계명을 무시함으로써 이웃을 소홀히 대하고 그를 버리고 박해하며 상처를 안겨 주고 생각 속에서는 그를 죽이기까지 했으면서도, 우리는 부끄러워할 줄 몰랐고 느긋하게 거리를 활보하기까지 했습니다. 우리는 마치 자신이 멋지고 고상한 일을 하는 양 성마름과 분노와 비열함에 빠져듭니다. 실로 지금이야말로 우리가 불량배와 진배없었음을, 마치 흉포한 맹수들이 그러하듯 서로 차고 할퀴고 찢으며 삼키는 맹목적이고 무도하고 무정한 사람과 같이 처신했음을, 이 중요하고도 거룩한 계명에 주의를 기울이지 않았음을 자인하고 비통하게 여겨야 할 때입니다.

넷째, 나는 좋으신 아버지께 이 거룩한 계명을 이해할

수 있도록 이끌어 달라고 그리고 이 계명을 지키며 거기에 따라 살 수 있게 해 달라고 기도합니다. 주님이 모든 형태의 살인과 폭력에 능한 살인자들로부터 우리를 지켜 주시기 빕니다. 주님이 우리에게 은혜를 베푸셔서, 이 계명이 가르치고 요청하는 바와 같이, 우리와 다른 이들이 서로 친절하고 부드럽고 자비롭게 대하며, 마음으로 서로 용서하고 서로의 잘못과 부족함을 그리스도인 된 형제애로 너그럽게 받아들이며, 진정한 평화와 조화 가운데 함께 살 수 있게 해 주시기를 빕니다.

여섯 번째 계명. "간음하지 말라." 여기서 나는 하나님이 내가 어떻게 행하기를 바라고 기대하시는지를 배웁니다. 즉 하나님은 내가 생각과 말과 행동으로 다른 사람의 아내, 딸, 또는 하녀를 욕되게 하지 않고 정숙하고 품위 있고 절제된 모습으로 살기를 바라십니다. 더 나아가 나는 돕고 구하고 보호하며 최선을 다해 결혼과 품위를 지켜 내야 합니다. 나는 자신들의 명예를 훼손하거나 중상모략하려는 이들의 나태한 생각을 잠재워야 합니다. 이 모든 것이 나의 마땅한 의무입니다. 하나님은 내게 이웃의 아내와 가족이 괴롭힘을 당하지 않게 하는 일만 기대하시는 것이 아닙니다. 내가 이웃이 이 계명을 지켜서 나와 내게 속한 것을 지키기를 바라듯이, 나도 이웃이 자신의 좋은 품성과 명예를 지키고 보호하도록 도울 의무가 있습니다.

둘째, 나는 남편, 아들, 종, 아내, 딸, 여종을 돌보시고 보호하시며 그들을 불명예에 빠뜨리는 일을 단호하고도 확고하게 금하시는 신실하고 좋으신 아버지의 은혜와 자비하심에 감사를 드립니다. 주님은 이 계명을 보호하고 지지하시며, 이 계명을 어기는 사람은 누구든 엄히 심판하십니다. 누군가 이 계명과 규율을 무시하고 위반한다면 그분이 직접 나서서라도 그렇게 하십니다. 어느 누구도 그분을 피할 수 없습니다. 주님은 대가를 지불하게 하시거나 결국 그런 욕정을 지옥불 속에서 속죄하게 하십니다. 하나님은 정결을 원하시고 간음을 용납하지 않으십니다. 그대는 참회하지 않는 자와 방탕한 자가 하나님의 진노에 사로잡히고 비참하게 멸망할 때 이 말이 진실임을 알게 될 것입니다. 그렇지 않다면, 아내와 아이와 종들을 악마의 추잡함에 맞서 단 한 시간도 지켜 내거나 그들의 명예와 품위에 손상이 가지 않도록 하는 것은 불가능할 것입니다. 세상에서 일어나는 일이라고는 걷잡을 수 없는 비도덕성과 야수성뿐일 것입니다. 이는 하나님이 진노 가운데 그분의 손을 거두심으로 파멸과 영락의 비탈길로 내닫도록 허용하실 때 일어나는 일입니다.

셋째, 나는 살아가는 동안 생각과 말과 행동으로 이 계명에 맞서 죄를 지었음을, 나의 죄와 세상의 죄를 고백하고 인정합니다. 나는 이 놀라운 가르침과 선물에 불충했을 뿐만 아니라, 그런 품격과 정절을 바라시는 하나님의 요구에 불평을 터뜨리고 반역했습니다. 하나님은 모든 종류의 간음과 악행을 눈감아 주거나 벌하지 않은 채 그냥 넘어가지 않으십니다. 그분은 결혼이 경시되거나 웃음거리가 되거나 저주받는 것을 허용하지 않으십니다. 다른 모든 죄 가운데 이 계명을 어기는 죄는 가장 위중하고 눈에 띄기 때문에 숨기거나 덮어 둘 수 없습니다. 안타까운 일입니다.

넷째, 나는 하나님이 우리에게 은총을 베푸셔서 이 계명을 기쁘고 즐겁게 지킴으로써, 정결하게 살고 다른 이들도 그렇게 살도록 돕고 지원할 수 있게 해 달라고 나 자신과 온 세계를 위해 기도합니다.

시간과 기회가 되거나 그럴 마음이 생길 때면 나는 다른 계명들을 붙들고 계속 기도합니다. 전에 말한 것처럼, 나는 다른 이들이 나의 말과 생각에 맹목적으로 사로잡히기를 원치 않습니다. 나는 단지 기도를 배우고자 하는 이들을 위해 하나의 예를 제시하고 싶을 뿐입니다. 이를 발전시킬 수 있는 이들은 더욱 그렇게 하고, 한 번 혹은 여러 번 모든 계명을 각각 깊이 묵상해야 합니다. 잘하든 못하든 마음이 온전히 집중되면, 혀로 열 시간 암송하거나 열흘간 글로 적는 것보다 한순간 더 많은 것을 숙고할 수 있으니 말입니다. 마음과 영혼에 관련된 문제에는 기민하고 미묘하며 강력한 요소가 있습니다. 그럴 마음이 있고 간절하다면 십계명을 네 가지 측면에서 빠르게 음미할 수 있습니다.

일곱 번째 계명. "도둑질하지 말라." 첫째, 나는 이웃의 재산을 훔치거나, 은밀히든 공개적이든 그의 의지에 반하여 그것을 소유해서는 안 된다는 사실을 배울 수 있습니다. 나는 사업과 봉사와 일에 있어서 거짓되거나 부정직해서는 안 되고, 사기로 이익을 취해서도 안 되며, 오직 이마에 땀을 흘려 살고 명예롭게 내 빵을 먹어야 합니다. 더 나아가, 내 스스로에게 바라듯, 이웃들도 앞서 언급한 비루한 일들로 인해 부당하게 빼앗기는 일이 없게 할 책임이 있습니다. 나는 또한 이 계명을 통해 하나님이 그분의 자애로운 심려하심으로 나의 소유를 둘러 울타리를 쳐 주셔서 아무도 나의 것을 빼앗아 가지 못하게 하신다는 사실을 배웁니다. 이러한 질서가 지켜지지 않을 때 하나님은 징계를 내리시고, 사형 집행인의 손에 교수대와 밧줄을 두실 것입니다. 이런 가르침이 시행되지 않는 곳에서는 하나님이 친히 벌을 내리시고, "젊을 때 도둑질을 하면, 늙어서 거지가 된다", "훔친 돈은 새 나가기 마련"이라는 속담처럼 그들은 결국 거지로 전락하고 말 것입니다.

나와 온 세계에 그런 놀라운 가르침과 확신과 보호를 허락하신 하나님의 변함없는 선하심에 감사하지 않을 수 없습니다. 하나님이 지켜 주시지 않았다면 집에 돈 한 푼 혹은 빵 한 조각도 남아 있지 않을 것입니다.

셋째, 나는 살아오는 동안 저지른 잘못, 남의 것을 갈취하거나 속였던 죄와 배은망덕함을 고백합니다.

넷째, 나는 하나님이 나와 온 세계에 은혜를 베푸셔서 이 계명으로부터 배우고 이 계명을 숙고함으로써 더 나은 사람이 되어, 더 이상 도둑질, 강도질, 고리대금, 속임수, 불의에 사로잡히지 않게 해 주시고, 로마서 8장이 말하듯 모든 성도와 피조물이 기다리는 심판의 날이 속히 다가와 이 모든 참담한 일을 끝내 달라고 청합니다.

여덟 번째 계명. "네 이웃에 대하여 거짓 증거하지 말라." 이 계명은 무엇보다도 서로에게 신실하고, 거짓말과 비방을 버리며, 서로에 대해 좋게 말할 뿐만 아니라, 다른 이들의 좋은 소문이 우리 귀에 들려올 때 기뻐하라고 가르칩니다. 그렇게 할 때 악의적인 소문과 속이는 혀로부터 우리의 명성과 성실함을 지켜 줄 울타리가 세워질 것입니다. 하나님은 다른 계명에서도 말씀하셨던 것처럼 그런 부끄러운 일들을 반드시 벌하실 것입니다.

하나님이 우리를 위해 은혜 가운데 주시는 가르침과 보호에 대해 감사를 드리는 것이 마땅합니다.

셋째, 우리가 바라는 명예와 성실함을 지켜 내는 데에 우리 이웃에게 빚을 졌음에도, 우리는 배은망덕과 죄 가운데 살면서 삶을 허비했으며 거짓되고 악한 말로 그를 헐뜯었음을 고백하고 용서를 청합니다.

넷째, 우리는 이제부터 이 계명을 지킬 수 있게 해 달라고, 또 치유하는 혀를 허락해 달라고 주님께 청합니다.

아홉 번째와 열 번째 계명. "네 이웃의 집을 탐내지 말라", "네 이웃의 아내를 탐내지 말라."

이것은 먼저 법적 청구권을 빙자하여 이웃의 재산을 빼앗거나 유혹하고 소외시키거나 그의 것을 강탈하지 말고, 우리가 자신에게 바라는 바와 마찬가지로 그가 자기 것을 지켜 낼 수 있도록 도와야 한다고 가르칩니다. 또한 이 계명은 결국 자기들이 저지른 죄에 합당한 벌을 받게 될 기민한 협잡꾼들의 교활함과 속임수로부터 우리를 지켜 줍니다. 둘째, 하나님께 감사해야 합니다. 셋째, 참회하는 마음과 슬픈 마음으로 우리 죄를 고백해야 합니다. 넷째, 이 거룩한 계명들을 지킬 수 있는 힘과 도움을 베풀어 달라고 간절히 기도해야 합니다.

이것이 네 가지 측면에서 상고한 십계명입니다. 말하자면, 십계명은 우리 삶의 교과서이고 노래 책이며 참회서이자 기도서입니다. 이 계명들은 우리 마음이 제자리를 찾아가고 기도의 열망 안에서 자라도록 도와줍니다. 하지만 이 모든 것을 다 떠맡으려고 하지 않도록 주의하십시오. 그랬다가는 금방 지치기 마련입니다. 좋은 기도는 꼭 길어야 하는 것이 아니고, 억지로 끄집어내는 것도 아닙니다. 차라리 자주, 열심히 드리는 게 낫습니다. 한 부분 혹은 한 부분의 절반 정도여도 괜찮습니다. 마음의 불을 당길 정도면 됩니다. 성령이 이 불을 우리에게 붙여 주실 것이고, 하나님의 말씀으로 우리 마음이 깨끗해지고 엉뚱한 생각과 관심에서 벗어날 때 성령은 지속적으로 우리를 가르치실 것입니다.

신앙과 성경에 관해서는 더 이상 말할 것이 없습니다. 그것을 다 말하려면 끝이 없기 때문입니다. 하루는 십계명, 다음날은 시편이나 성경 가운데 한 장을 택해서 이를 마음에 불꽃을 점화하는 부싯돌로 삼을 수 있습니다.

사도신경

시간이 있고 또 그럴 의향이 있다면, 사도신경을 똑같은 방식으로 활용해서 네 부분으로 엮어 볼 수 있습니다. 하지만 사도신경은 교리문답서 및 다른 책에서와 마찬가지로 거룩하신 하나님의 세 인격에 맞추어 크게 세 단락으로 구성되어 있습니다.

첫 번째 단락

먼저 그대가 받아들일 마음만 있다면 위대한 한 줄기 빛이 그대 마음에 비쳐 들 것이고, 세상의 모든 언어와 수많은 책들이 미처 말로 다 표현하거나 가늠하지 못한 것, 즉 그대가 누구이며 어디에서 왔고 하늘과 땅이 어디에서 유래했는지를 몇 마디 말로 일깨워 줄 것입니다. 그대는 하나님의 피조물이고 작품이자 노작입니다. 스스로는 아무것도 아니고 아무것도 할 수 없으며 아무것도 알 수 없고 아무 가능성도 없습니다. 천 년 전에 그대는 무엇이었습니까? 6천 년 전에 하늘과 땅은 무엇이었습니까? 아무것도 아니었습니다. 창조되지 않을 것은 아무것도 아닙니다. 그러나 그대가 입술로 고백하는 바와 같이 그대의 존재, 아는 것, 할 수 있는 것, 성취할 수 있는 것은 모두 하나님의 피조물입니다. 그렇기에 그대는 그대가 아무것도 아니라는 사실 외에 하나님 앞에서 자랑할 것이 아무것도 없으며, 하나님은 언제든 그대를 없앨 수도 있는 창조주이십니다. 이성으로는 그러한 빛을 알지 못합니다. 많은 위대한 현자들이 하늘과 땅이 무엇이고 인간과 피조물들이 무엇인지 알기 위해 노력했지만 누구도 답을 찾지는 못했습니다. 그러나 그것은 이 신경을 통해 선포되었고, 신앙은 하나님이 무로부터 이 모든 것을 창조하셨다는 사실을 확언해 줍니다. 여기에 영혼이 누리는 기쁨의 정원이 있으며, 그분의 길을 따라 걸으면서 우리는 하나님의 작품들을 즐깁니다. 그러나 이 모든 것을 다 묘사하기에는 시간이 너무 부족합니다.

둘째, 더 나아가 자비하심으로 우리를 무로부터 창조하시고, 무로부터 우리에게 필요한 것들을 마련해 주시며, 우리를 육체와 영혼, 지성과 오감을 가진 놀라운 존재로 창조하시고, 땅과 물고기, 새와 짐승들을 다스리는 자로 삼아 주신 하나님께 감사해야 합니다. 창세기 1장부터 3장까지를 깊이 숙고해 보십시오.

셋째, 우리는 이 모든 것을 마음에 새기고 믿고 숙고하며 인정하지 못하는 우리의 믿음 없음과 감사할 줄 모름에 대해 고백하고 아파해야 합니다. 이 점에서 우리는 생각할 줄 모르는 짐승들보다 나을 바 없습니다.

넷째, 우리는 이 단락이 가르치는 바와 같이, 하나님을 우리 창조주로 믿고 진심으로 존숭하는 신실하고 확고한 믿음을 달라고 기도해야 합니다.

두 번째 단락

다시금 위대한 빛 한 줄기가 비쳐 들어 우리를 가르칩니다. 하나님의 아들이신 그리스도가 창조 이후 아담의 타락을 통해 우리 운명이 된 죽음, 곧 영원히 그 안에서 멸망할 수밖에 없는 죽음으로부터 어떻게 우리를 구원하시는지 말입니다. 이제 생각해 보십시오. 첫 번째 단락에서 그대 스스로를 하나님의 피조물 가운데 하나로 여기고 이에 대해 의심하지 않기로 고백했듯이, 이제 그대는 스스로를 구원받은 사람 가운데 하나로 생각하면서 역시 의심하지 말아야 합니다. 모든 다른 말들을 넘어 예수 그리스도 우리 주님이라는 한 구절에 집중하십시오. 주님은 우리를 위해 고난당하셨고 죽임당하셨으며 부활하셨습니다. 이 모든 게 우리의 것이고 우리와 관련된 것입니다. 하나님의 말씀이 드러내는 바와 같이 우리 속에 그대도 포함됩니다.

둘째, 그대는 그러한 은총에 진심으로 감사해야 하고 구원 안에서 기뻐해야 합니다.

셋째, 그대는 그러한 선물에 대해 품었던 악한 의심과 불신에 대해 통회하고 고백해야 합니다. 자, 어떤 생각이 떠오릅니까? 반복적으로 자행하던 우상 숭배가 떠오를 겁니다. 얼마나 많이 성인들에게 기도해 왔는지, 구원과 대비되는 그러한 무수한 선행에 의지하지 않았는지 말입니다.

넷째, 이제 그리스도 우리 주님을 향한 참되고 순수한 믿음 안에서 지금부터 영원까지 그대를 지켜 달라고 하나님께 기도하십시오.

세 번째 단락

이것이 창조자이자 구원자이신 분을 어디서 발견할 수 있는지, 또 이 세상에서 어떻게 확실하게 만날 수 있는지 그리고 이 모든 것이 어떻게 될지 가르치는 세 번째 위대한 빛입니다. 많은 말을 할 수 있지만 여기서는 간략하게 말하겠습니다. 거룩한 그리스도의 교회가 존재하는 곳에서 우리는 창조주 하나님, 구원자 하나님, 성령 하나님을 발견할 수 있습니다. 하나님은 죄의 용서를 통해 날마다 우리를 성화하시는 분입니다. 교회는 그러한 믿음과 관련된 하나님의 말씀이 바르게 선포되고 고백되는 곳에 존재합니다.

　이제 그대는 성령이 교회 안에서 날마다 이루시는 모든 것을 다시 깊이 숙고해야 합니다. 그대가 부름을 받아 교회 안에 들어오게 된 것에 감사해야 합니다. 믿음 없음과 감사할 줄 몰랐던 것에 대해, 이 모든 것을 소홀히 했음을 고백하고 탄식하십시오. 그리고 영원히 머무는 자리, 곧 죽은 자의 부활을 넘어 영원한 생명 속에 이를 때까지 존속되고 또 지속되는 참되고도 확고한 믿음을 위해 기도하십시오. 아멘.

해설 – 마르틴 루터의 기도 신학   노종문

기도에 대한 루터의 주요 저술

루터의 종교개혁은 한편으로는 칭의 교리와 십자가 신학을 둘러싼 신학적 논쟁으로, 다른 한편으로는 교회의 예배와 경건 생활 전체를 새롭게 구축하는 방향으로 진행되었다. 복음에 대한 이해가 바뀌니 다른 모든 것도 바뀌어야 했다. 교회의 오랜 전통으로 자리 잡은 성례들이 폐지되고 새롭게 정의되었고, 사람들은 조상 대대로 지켜 온 경건의 형식들을 버리고 새로운 방식을 익혀야 했다. 수도사들이 세상으로 뛰쳐나와 수도원은 텅 비었고, 이제 기도는 수도원에서만 일어나는 은밀한 것이 아니라 모든 사람이 일상에서 드리는 것이 되어야 했다. 이러한 개혁은 일사불란하게 진행될 수 없었다. 낡은 제도들의 속박에서 풀려나면서 생긴

자유는 나태와 불경건과 타락의 기회가 되기도 했다. 새로운 가르침을 받아들인 많은 목회자와 그리스도인들이 옛것을 버리기만 하고 새것은 취하지 않으려 했기 때문이다. 교회는 혼돈의 시기를 통과해야 했다. 이런 상황을 타개하기 위해 루터는 크게 두 가지 중요한 책자를 만들었다. 첫째는 예배 형식을 완전히 개혁하는 『독일식 예배』(*German Mass*, 1526)였고, 둘째는 신앙의 핵심을 일목요연하게 정리해 놓은 『대교리문답』(*The Large Catechism*), 『소교리문답』(*The Small Catechism*, 이상 1529)이었다. 그런데 이 교리문답서들은 우리가 지금 들고 읽는 이 책(『마르틴 루터의 단순한 기도』, 1535)과 긴밀한 관계가 있다. 이 교리문답서들의 목적이 단순히 교리적 가르침을 제공하는 것을 넘어 그리스도인들에게 일상에서 올바른 내용과 방식으로 기도하는 법을 가르치려는 것이었기 때문이다.[1]

루터의 교리문답서와 기도와의 관계를 좀더 자세히 들여다보기 위해서는 루터가 출간한 기도 관련 주요 도서들을 살펴보아야 한다. 기도에 대한 루터의 저서 출간은 95개 논제를 비텐베르크 성 교회 문에 붙이던 1517년보다 한 해

---

1 — William R. Russell, "Luther, Prayer, and the Reformation", *Word & World*, 22:1, Winter 2002, p. 50.

앞선 1516년에 시작된다. 이 해에 루터는 주기도에 대한 자신의 설교를 라틴어와 독일어로 출간했으며, 이후 여러 번 주기도를 반복해서 설교하고 또 여러 차례 원고를 개정했다. 그리고 1519년에는 완결판이라 할 수 있는 『주기도 강해』(*Exposition of the Lord's Prayer for Simple Laymen*)를 출간했다. 이후 1522년에는 『개인 기도서』(*The Personal Prayer Book*)를 출간했는데, 이는 중세 교회가 사용하던 기도서들을 완전히 개혁하기 위한 것이었다.[2] 이 『개인 기도서』에서 주목할 점은 기존 기도서들과 달리, 여러 기도문들을 싣지 않고 십계명과 사도신경과 주기도를 순서대로 설명하고 기도에 관한 설교들과 시편과 복음서 등의 성경 구절들을 실었다는 점이다. 이 책자를 통해 루터가 기도에 대한 성경적 이해를 재정립하고, 신앙의 핵심과 성경 말씀을 개인 기도의 내용으로 삼도록 지도하려 했음을 볼 수 있다. 얼마 후

---

[2] — 이 책에서 루터는 당시의 기도서와 일반적 기도 행태에 만연했던 다섯 가지 요소를 비판한다. 첫째는 성모 마리아와 성인들에게 기도하도록 권하는 것, 둘째는 하나님은 기도하는 사람이 자격을 갖추어야만 기도를 들으신다고 가르치는 것, 셋째는 기도를 공로를 얻는 선행으로 간주하는 것, 넷째는 의미 없는 반복적 기도가 공로의 축적에 도움이 된다고 생각하는 태도, 다섯째는 기도는 주로 성직자들의 과업으로 여기는 것이었다. Mary Jane Haemig, "Luther on Prayer as Authentic Communication", *Lutheran Quarterly*, 30:3, Autumn 2016, p. 308.

1528년에 루터와 동료들은 작센 선제후국(당시 루터가 속한 나라)의 지역 교회들의 실제 상황을 파악하기 위해 교회들을 둘러보았는데, 이 순회 직후인 1529년에 『소교리문답』과 『대교리문답』을 출간했다. 이 『대교리문답』의 내용은 이전의 『개인 기도서』처럼 십계명, 사도신경, 주기도를 순서대로 해설하고, 추가로 세례와 성찬에 대한 해설을 실었다. 그다음에 나온 저서가 바로 우리가 읽고 있는 이 책이다. 루터의 단골 이발사였던 페터 베스켄도르프에게 보낸 개인적 서신이기도 한 이 글에서 그는 교리문답서의 내용인 주기도, 십계명, 사도신경을 가지고 실제로 개인 기도 시간에 어떻게 기도하는지 설명한다. 이 책은 종교개혁자 루터의 기도 습관을 생생하게 보여 주는 전기적 자료이면서, 그 자체로 훌륭한 기도의 교본이다. 즉 기도를 제대로 배우려는 사람을 위한 실제적 조언이 가득하고, 읽는 이의 마음에 불을 붙여 뜨거운 마음으로 기도를 드리고 싶게 한다.

기도란 무엇인가

이제 기도에 대한 루터의 이해를 한번 살펴보자. 루터는 기도를 어떻게 이해했을까? 『주기도 강해』(1519)에서 루터는 과거 교사들의 언어를 사용하여 기도를 "하나님을 향해 마음을 드는 것"이라고 말한다.[3] 이는 중세의 표준적 기도에 대한 정의를 새롭게 해석한 것이다. 즉 당시 일반적으로 이해하듯 "영혼이 하나님께로 올라가는 것"이 아닌, "하나님께 등을 돌리고 있던 죄인이 하나님을 향하여 마음을 드는 것"으로 이해한 것이다.[4] 『주기도 강해』에서 루터의 일차적 강조점은, 의미 없는 반복과 기도문 암송으로 드리는 입술만의 기도를 참된 '생각'을 가지고 '마음으로 뜨겁게' 드리는 기도와 대조하는 것이었다. 즉 루터에게 기도는 "영과 진리로"(요한복음 4:23) 드려야 하는 것이었다. 이는 중세의 주된 기도 이해로부터 갈라지는 것이다. 루터는 '하나님께 가까이 나가는 것'을 목표로 기도했던 중세의 신비주의적 기도 전통에서 벗어나, 철저하게 성경적 개념에 기초한 간구 기도의 전통을 재발견했다.[5]

---

[3] — Martin Luther, *Martin Luther's Exposition of the Lord's Prayer*, tr. by Thomas Nunn (James Nisbet & Co., 1844), pp. 9-10.

[4] — 루터는 1537년의 한 기록에서 루터 자신이 과거에 어떻게 그것을 깨달았는지 언급한다. Timothy J. Wengert, "Luther on Prayer in the Large Catechism", *Lutheran Quarterly*, 18:3, Autumn 2004, pp. 253-254.

[5] — 프리드리히 하일러는 이 두 가지 전통을 '신비적 기도'와 '예언자적 기도'라고 명명하며 서로 대조했다. Friedrich Heiler, *Prayer: A Study in the History and Psychology of Religion*, tr. by Samuel McComb (Oxford

루터의 기도에 대한 이해를 들여다볼 수 있는 또 다른 중요한 진술들은 그의 『대교리문답』에 나타난다. 루터는 십계명의 두 번째 계명, "너는 네 하나님 여호와의 이름을 망령되게 부르지 말라"는 명령에 기도의 명령이 포함되었다고 믿었다.

> "하나님의 이름을 망령되이 일컫지 말라!" 이것은 거룩한 그분의 이름을 찬양하고, 모든 위급한 순간에 그분의 이름을 부르며 기도하라는 명령입니다. 그분의 이름을 '부르는 것'이 곧 기도입니다.[6]

그에게 이 두 번째 계명은 하나님의 이름을 오용하지 말라는 금지 명령인 동시에, 하나님의 이름을 올바르게 사용하라는 명령이다. 그리고 하나님의 이름을 올바르게 사용하는 중요한 방법이 성경의 다른 곳에 명확히 나타나는데, 바로 기도의 명령이다. "환난 날에 나를 부르라. 내가 너를 건지리니, 네가 나를 영화롭게 하리로다"(시편 50:15). 이 시편

University Press, 1932).

[6] — 마르틴 루터, 『대교리문답』, 최주훈 옮김(복있는사람, 2017), III.5, p. 234.

말씀이 루터가 기도를 이해하는 데 중심이 된 말씀이다.[7]

루터가 보기에 기도의 본질은 "환난 날에 하나님의 이름을 부르며 부르짖는 것"이었다. 그런데 문제는 보통 사람들의 눈에 자신이 처한 진정한 현실이 보이지 않는다는 것이다. 그러므로 그들에게 주기도와 십계명이 주어졌다. 『주기도 강해』에 따르면, 주기도의 일곱 가지 간구는 하나님이 보시기에 우리에게 가장 긴급한 일곱 가지 필요를 드러낸다. 즉 우리가 얼마나 하나님의 이름을 모독하고 있는지, 하나님의 나라로부터 추방되어 어떤 비참한 상태에 있는지, 하나님의 뜻에 어떻게 반역하고 있는지, 우리가 얼마나 주리고 목마른 땅에 있는지, 얼마나 깊이 죄악에 물든 존재인지, 얼마나 위험하고 악이 가득한 땅에서 순례 중인지 일깨워 주는 것이다.[8] 또한 십계명은 명령들을 통해 우리의 악과 불순종을 폭로하며, 우리가 마음을 다하여 추구해야 할 하나님의 뜻을 계시한다. 주기도의 말씀들과 십계명에 귀를 기울일 때, 우리는 이 말씀들이 보여 주는 이상과 우리 삶의 현실 사이 커다란 간극을 보게 되며 자신의 궁핍함을 철저히 깨닫는다. 그러므로 하나님의 도우심을

---

[7] — 앞의 책, I.63-64, pp. 79-80.

[8] — Martin Luther, *The Lord's Prayer*, p. 12.

얻기 위해 그 이름을 부르며 부르짖지 않을 수 없게 된다.

> 바른 기도라면 절박함이 배어 있어야 합니다. 우리를 짓누르는 그 절박함이 하나님을 향한 부름으로, 외침으로 나타납니다.…누구나 다 부족한 것이 많습니다. 그런데 문제는 우리가 그 부족함을 느끼거나 직시하지 못한다는 데 있습니다. 하나님은 당신의 곤궁을 듣기 원하십니다. 당신의 요구를 간곡히 호소하며 표현하십시오. 하나님이 그것을 모르기 때문에 이렇게 말하는 것이 아닙니다. 기도를 통해 당신의 마음에 불을 지피고 점점 강한 불로 만들려는 것입니다. 당신의 마음을 덮는 외투는 더욱 넓어지게 될 것입니다. 그리고 당신이 받은 온기만큼 그분의 뜻을 행하게 될 것입니다.[9]

루터의 관점에서 진정한 기도는 간구다. 그 간구는 지금 하나님 나라를 위한 영적인 싸움이 진행되고 있음을 인식하고 악한 시험과 악마의 궤계와 닥쳐오는 모든 환란 앞에서 절박함으로 요청하는 것이다.[10] 반면에 루터가 비난한 기도는 수도사들과 사제들의 "밤낮 끔찍스럽게 소리를 지르며

---

9 — 마르틴 루터, 『대교리문답』, III.26-27, pp. 243-244.
10 — 앞의 책, III.30-31, p. 245.

울어 대고 뭔가를 웅얼거리지만, 간절히 구할 생각이라고는 털끝만큼도 없는" 기도였다.[11] 그 기도는 현실에서 닥쳐오는 시험에 대응하려는 절박함 없이, 우리의 취약함 때문에 하나님의 뜻대로 구하여 받아야 한다는 믿음도 없이, 하나님과 은혜와 공로를 놓고 거래하려는 태도로 드리는 기도이기 때문이다.[12] 이런 안이한 기도에는 기도자의 마음에 주기도에 나타나는 하나님 나라의 진행에 대한 감각이 전혀 없음이 드러난다. 이처럼 루터에게 기도의 핵심은 '간구'였고, 기도란 곧 "하나님 나라를 위한 부르짖음"이었다.[13]

루터는 우리를 기도로 이끄는 세 가지 중요한 동기를 언급한다. 첫째, 기도는 십계명의 두 번째 계명에 있는 하나님의 명령이기 때문에 우리는 기도해야 한다. 이 확신은 루터에게 기도를 무거운 짐으로 느끼게 한 것이 아니라, 하나님 앞에 언제나 담대하게 나아갈 수 있게 하는 든든한 배경

---

11 ─ 앞의 책, III.25, p. 242.

12 ─ 같은 곳.

13 ─ 기도에 대한 스탠리 그랜츠의 표현이다. 그랜츠는 그의 책에서 개신교회가 간구 기도의 중요성을 다시 발견해야 한다고 주장한다. 스탠리 그랜츠, 『기도: 하나님 나라를 위한 부르짖음』(*Prayer: the Cry for the Kingdom*), 마영례 옮김(SFC출판부, 2007).

이 되었다.[14] 우리의 기도는 우리 자신이 거룩하기 때문이거나 고상하고 유창한 언어로 기도할 수 있기 때문에 중요해지는 것이 아니다. 기도는 하나님이 우리에게 명하신 것이므로 우리 기도가 가치 있게 된다. 그 자체로는 보잘것없는 우리의 기도가 하나님이 기뻐하시는 순종이 되기 때문이다. 그러므로 기도는 우리에게서 시작된 일이 아니라, 그분의 이름을 부르라고 하시는 하나님에게서 시작된 것이다.

둘째, 기도는 하나님의 약속이 붙어 있는 명령이기 때문에 우리는 담대히 기도할 수 있다.[15] 기도를 명하신 하나님은 우리의 기도를 들어주실 마음을 잔뜩 품고 기도를 명하셨다. "환난 날에 나를 부르라. 내가 너를 건지리니…"(시편 50:15). "구하라 그리하면 너희에게 주실 것이요…"(마태복음 7:7-11). 이처럼 하나님이 응답을 약속하셨으므로 우리의 기도가 중대한 의미를 지니게 되며, 우리는 하나님의 응답을 확신할 수 있다.

셋째, 우리는 하나님이 직접 기도할 말을 우리 입에 넣어 주셨기 때문에 기도해야 한다.[16] 주님은 우리가 무엇을

---

14 — 마르틴 루터, 『대교리문답』, III.5-18, pp. 234-239.
15 — 앞의 책, III.19, p. 240.
16 — 앞의 책, III.22, p. 241.

기도할지 모르는 채로 남겨 두시지 않고 주기도를 통해 기도할 중요한 일들을 알려 주셨다. 또한 십계명은 우리의 궁핍을 보여 주며 동시에 하나님께 도움을 청해야 할 중대한 것들이 무엇인지 나타내 준다. 또한 신경들을 통해서는 우리가 얻은 구원의 복을 묵상하며 감사하고 믿음을 더욱 굳세게 해 달라고 간구할 수 있다. 이처럼 우리는 기도할 내용 또한 하나님으로부터 받았으므로 더욱 확신을 가지고 기도할 수 있다.

기도하는 방법

이제, 이 책에 나타난 기도 방법에 대한 루터의 실제적 조언들을 살펴보고자 한다. 먼저, 기도를 어떻게 시작해야 하는가? 어쩌면 기도에서 가장 어려운 부분이 기도를 시작하는 것일지도 모른다. 루터는 아침과 저녁에 기도를 최우선의 일로 삼겠다는 결심을 하라고 조언한다. 하루 일과가 시작되면 당장 긴급한 일들이 기도를 가로막는다. 별로 중요하지 않은 일들도 덩달아 급박한 표정으로 달려와 기도를 잠시 미루라고 요구한다. '지금은 상황이 나쁘지만 나중에 더 기도하기 좋은 때가 올 거야'라는 감언이설이 들려온다. 루터는 이처럼 기도를 방해하는 악마와 육체의 성향에 대해 깨어 경계하면서, 참된 기도의 습관을 조심스럽게 세워 나가라고 조언한다. 루터 자신은 일과 중에도 자신이 기도에 냉담해지고 마음에 기쁨이 사라졌다고 느끼면 즉시 시편을 들고 서둘러 방으로 들어가거나 교회로 가서 기도를 드린다고 고백한다. 그리고 냉담해진 마음을 녹이기 위해 조용히 자신과 대화를 나누거나, 십계명 혹은 사도신경을 읊조리거나, 어린아이의 심정으로 성경 말씀을 읽어 내려간다. 그렇게 잠시 시간을 보내다가 마음이 뜨거워지거나 기도하고 싶은 마음이 생기면 주기도를 따라 기도를 시작한다.

기도할 때는 어떤 자세가 좋을까? 루터에게 기도의 외형은 별로 중요하지 않았다. 그래서 기도의 자세에 관해서는 아주 간단하게 한두 마디로 언급한다. 즉 "무릎을 꿇거나 서서 두 손을 가슴 앞에 모으고 하늘을 우러러보며" 기도하라는 것이다. 이는 특정한 자세가 기도에 도움이 된다고 말하는 것이라기보다, 하나님의 은혜로운 초대를 기억하며 그에 어울리는 내면의 생각과 태도를 자연스럽게 몸으로 표현하라는 조언으로 이해할 수 있다.

이제, 루터가 기도의 진행과 관련하여 제시하는 내용을

살펴보고자 한다. 루터는 자신이 그렇게 하듯, 늘 먼저 주기도로 기도하고, 이어서 시간이 허락하는 대로 십계명과 사도신경을 순서대로 읊조리며 기도하라고 말한다. 그렇게 기도하는 가운데 다음과 같이 행하라고 권한다.

첫째, 한 구절을 반복해서 읊조리면서 그 말씀의 의미를 생각한다. 주기도의 일곱 간구나 십계명, 사도신경이 각각 무엇을 간구하도록 말씀하는지 교리문답서로 미리 공부를 해 두어야 한다.

둘째, 말씀의 의미를 떠올리는 동안 성령이 특별히 지금 간구하라고 말씀하시는 것이 있는지 귀를 기울여야 한다. 기도는 일방적으로 내가 말하는 것이 아니라 성령께 먼저 귀를 기울이는 일이다.

셋째, 기도문을 읽듯이 늘 같은 말을 기계적으로 반복하지 말고, 자신이 읊조리고 있는 말씀이 제시하는 '생각'과 '표상'에 초점을 맞추면서 그 말씀이 내 마음을 뜨겁게 사로잡은 상태에서 기도하고자 해야 한다.

넷째, 기도를 드리는 중에 성령이 좋은 생각들을 주실 경우, 내 기도의 말을 멈추고 그 생각들에 신중하게 귀를 기울여야 한다. 그 내용을 소중히 여기고 때로는 기억하기 위해 기록해 둔다.

어떤 때는 하나의 간구 속에 담긴 다양한 생각들에 빠져 다른 여섯 가지 간구를 놓칠 때도 있습니다. 그런 좋은 생각들이 한꺼번에 밀려올 때면 다른 간구들을 잠시 미뤄 두는 것이 좋습니다. 그런 생각들이 피어날 여지를 마련해 주고, 침묵 가운데 경청하며, 어떤 경우라도 그 생각들을 저지해서는 안 됩니다. 성령은 거기서 말씀하십니다. 그리고 성령을 통해 배우는 한 마디의 가르침은 수천 마디의 기도보다 낫습니다. (22-23쪽)

만일 그렇게 숙고하는 가운데 성령이 그대의 마음속에 풍부하고 깨우침을 주는 생각을 불어넣으시면 지금까지의 설명에 집착하지 말고 그분을 기리십시오. 마음을 고요하게 하고 그대보다 모든 것을 더 잘하시는 분의 뜻을 경청하십시오. 그분의 말씀을 잊지 말고 잘 기록하십시오. (29-30쪽)

다섯째, 기도하는 가운데 자신이 "실없는 말을 지껄이고 마음이 딴 생각에 사로잡혀 떠돌고" 있는 것을 발견하면, 다시 돌이켜 기도하고 있는 말씀에 주의와 시선을 집중해야 한다. 제대로 된 기도는 "자신이 기도할 때 쓴 모든 단어와 생각을 처음부터 끝까지 온전히 기억"할 수 있는 기도다. 루터는 기도에서 언어와 생각은 단순히 벗어 버려야 할 것이 아니라 하나님이 주신 특별한 선물이라고 이해했다. 언어와 생각은 우리의 마음을 하나님을 향해 움직이게 하는 도구다. "우리의 날개가 자라나 언어 없이도 날 수 있게 될 때까지는" 언어를 굳게 붙잡아야 한다고 조언한다.[17] 루터는 언어를 초월하는 기도의 경험이 있다는 것을 인식하면서도, 기도는 우선 우리의 언어와 생각을 사용하여 마음을 움직이고 성령께 귀를 기울이고 응답하는 것이라고 이해했다.

여섯째, 기도를 마칠 때는 확신을 가지고 "아멘!"이라고 응답해야 한다. 하나님이 사랑으로 귀를 기울이고 계셨고, 약속하셨던 것처럼 반드시 기도에 응답하실 것을 의심하지 말아야 한다. 아멘은 "그래. 하나님이 나의 기도를 들으셨어. 나는 이것을 분명히 알고 있어"라는 의미다. 기도 응답에 대한 확신 없이 기도의 자리에서 일어나서는 안 된다.

일곱째, 기도를 너무 열정적으로 실천하려고 하다가 지치지 않도록 주의해야 한다. 기도가 꼭 길어야 하는 것은 아니며 억지로 드려야 할 필요도 없다. 오히려 뜨거운 마음으로 자주 드리는 것이 낫다. 중요한 것은 성령이 우리 마

---

[17] — Martin Luther, *The Lord's Prayer*, p. 10.

음에 불을 붙이시는 것이다. 이를 위해 우리는 말씀을 읽거나 읊조리면서 성령이 가르치시는 음성에 귀를 기울인다. 그러므로 기도를 오래 하거나 유창하게 하는 것을 목표로 삼지 말고, 말씀이 제시하는 생각과 표상에 주목하며 성령에 이끌려 마음으로 뜨겁게 드리는 기도를 목표로 삼아야 한다.

기도와 성경

이 책에서 또한 눈길을 끄는 주제는 루터가 성경을 사용하는 방법이다. 이 주제에 대해 두 가지 측면에서 정리해 보고자 한다. 첫째, 루터의 변증법적 성경 해석법이다. 루터는 성경을 해석할 때 항상 변증법적 방법을 적용하여 드러나 있는 명제의 반대 측면을 생각하고자 했다.[18]

이러한 해석법은 그의 십계명 해석에서 잘 드러난다. 십계명의 금지 명령에는 하나님이 그 반대 측면의 일을 촉진하기를 원하시는 뜻이 담겨 있다. 예를 들어, 앞서 언급한 두 번째 계명, "여호와의 이름을 망령되게 부르지 말라"는

---

18 — Timothy J. Wengert, 앞의 글, p. 258.

계명에는 "하나님의 이름을 올바르게 부르라"는 명령도 포함되어 있다는 것이다. 이처럼 루터는 각 계명의 교훈을 생각할 때, 하나님이 우리에게 요구하시는 명령의 측면뿐만 아니라, 그 반대 측면까지 함께 생각함으로써 그 의미를 충분히 파악해야 한다고 말한다.

주기도의 일곱 가지 간구를 이해할 때도 유사한 방법이 적용된다. 이 간구들은 표면적으로는 우리가 간구해야 할 것이 무엇인지 가르치지만, 다른 측면에서는 우리가 이 일곱 가지를 얼마나 성취하지 못하고 사는지를 드러낸다. 그래서 이 일곱 가지 내용은 우리에게 가장 중요하고 급한 필요임을 알려 준다.

또한, 성경 말씀의 의미를 자신에게 적용할 때도 변증법적 방법을 사용한다. 십계명의 '교훈'을 위와 같이 변증법적으로 묵상한 후, 그 교훈이 드러내는 하나님의 성품과 뜻에 대해 '감사'하면서 다른 한편으로 그 드러난 뜻에 비해 비참한 수준의 삶을 살고 있는 우리 자신의 모습에 대해 '회개'한다. 이렇게 드러난 하나님의 뜻과 우리 현실 사이의 커다란 간극은 간구의 '기도'를 낳는다.

루터의 성경 사용과 관련하여 살펴볼 두 번째 측면은 루터식 렉치오 디비나(*Lectio Divina*)다. 중세의 전형적인 렉치오 디비나는 읽기(*Lectio*), 기도(*Oratio*), 묵상(*Meditatio*), 관상(*Contemplatio*)의 순서를 따랐지만, 루터의 경우 기도의 절정은 관상이 아니라 간구였기에 그 순서가 달라진다. 즉 읽기, 묵상, [관상], 기도의 순서로 이루어진다.

앞에서 언급한 것처럼, 루터는 성경 말씀을 가지고 기도할 때, 먼저 기도할 성경 말씀을 준비하여 그 내용을 조용히 반복해서 읊조리면서 성령이 마음에 불을 붙이시기를 기다렸다. 이것은 중세의 렉치오 디비나에서 읽기에 해당하는 부분이다. 읽기에서는 말씀이 담고 있는 '생각'과 '표상'에 주의를 기울인다. 이것은 자연스럽게 그 말씀이 제시하는 내용에 대한 묵상으로 이어진다. 묵상에서는 앞에서 언급한 변증법적 방법을 사용한다. 묵상의 과정에서는 교훈을 깨닫고 그에 대한 자연스러운 응답으로서 감사와 회개의 대화가 흘러나온다. 그런데 묵상은 근본적으로 성경을 통해 말씀하시는 성령께 귀를 기울이는 시간이므로 성령이 좋은 생각을 떠오르게 하시면 말을 멈추고 수동적으로 듣는 태도를 취해야 한다. 이런 수동적 듣기는 아마도 전통적 렉치오 디비나의 관상과 가장 유사한 부분일 것이다. 차이점은 전통적 관상이 언어나 감각을 초월하여 하나님을 직접 바라보는 경험으로 설명되는 반면, 루터는 성령의 음성에 귀를 기울이는 가운데 일어나는 언어적 경험(그리고 강조되지는 않지만 언어를 넘어서는 경험도 포함된다)을 염두에 두고 있다. 그리고 마지막으로 기도의 가장 중요한 목표인 간구의 기도를 드린다. 루터에게 기도란 곧 간구이므로 모든 기도는 간구에 대한 응답의 확신을 외치는 "아멘!"으로 마친다.

중세의 기도가 관상을 기도의 절정으로 이해했던 것은 하나님과의 합일 추구라는 기도의 신비적 차원을 기도의 중심으로 이해했기 때문이다. 이와 달리 성서학자였던 루터는 시편과 주기도에 나타난 기도의 정신을 따라서 기도의 중심은 간구라고 생각했다. 그래서 그는 언어적 차원을 넘어서는 신비적 관상 체험을 기도 안에서 추구할 목표로 제시하는 중세의 전통을 계승하라고 권하지 않는 것이다.

오늘날의 관점에서 보면, 기도의 신비적·관계적 측면과 예언자적·간구적 측면이 대립할 필요는 없다.[19] 그런데 지난 세기 한국의 개신 교회에서는 종종 간구 기도가 주기도

---

19 — 기독교 신비주의는 그 뿌리가 신플라톤주의에 있는 것이 아니라 요한복음(로고스 개념 등)과 바울(예를 들어, 고린도후서 3:18) 등에서 발견되는 성경적 신비주의에 있음을 기억해야 한다. 마크 A. 매킨토쉬, 『신비주의 신학』(Mystical theology), 정연복 옮김(다산글방, 2000), p. 74를 보라.

와 십계명의 안내와는 상관없이 자신의 세속적·육신적 욕구들을 위해 하나님께 큰소리로 부르짖는 행위로 타락하는 모습이 나타났다. 이에 대한 반발로서 간구 기도보다도 하나님과의 친밀한 관계에 중심을 두는 기도에 대한 관심이 많아졌다. 그리고 이런 흐름은 중세 교회의 영성 전통과 현대 가톨릭 영성가들의 작품에 대한 관심, 관상 기도에 대한 관심으로 나타났다.

그러나 최근 다시 '하나님 나라 복음'에 대한 관심이 높아지면서 우리는 루터가 강조했던 간구 기도의 의미를 새롭게 발견하고 있다. 주기도를 따라 간구하는 기도는 교회를 하나님 나라의 도래와 진행이라는 거대한 이야기 속으로 끌어들이며, 기도하는 이들을 각자 소명의 자리에서, 공적인 광장에서, 선교의 현장에서 하나님의 선교를 일으키고 계신 성령의 동역자가 되도록 이끈다. 오늘날 우리는 하나님을 만나는 중요한 장소가 내면의 깊은 곳뿐만 아니라 이웃을 섬기라고 부르시는 삶의 현장이기도 하다는 것을 인식하고 있다. 기도의 신비적 전통과 간구의 전통은 서로 보완되며 성령 안에서 하나로 합류한다.

기도와 악마

마지막으로, 루터가 기도와 악마에 대해 어떤 생각을 가졌는지 살펴보고자 한다. 루터는 기도를 통해 악마를 대적하는 것의 중요성을 늘 강조했다. 이 책을 읽어 내려가다 보면 악마에 대한 인식이 항상 배경에 깔려 있는 것을 느낄 수 있다. 우리가 보기에는 과도하다 싶을 정도까지, 루터는 늘 악마가 자기 주변에 도사리고 있다고 생각했다.

> 오, 우리는 얼마나 얼빠진 바보 같은지요? 힘센 악마는 우리 가운데 자리 잡고, 우리를 둘러싸고 있습니다. 우리는 그 속에서 살아갈 수밖에 없습니다. 그런데 우리는 무기와 갑옷을 우습게 여깁니다. 게다가 너무 게을러서 그것에 눈을 돌리기는커녕 생각조차 안 하려고 합니다.[20]

그런데 그가 악마에 대해 이렇게 생각한 것은 단지 그가 우리와 달리 중세적 세계관을 지닌 사람이었기 때문만은 아니다. 연구자들은 오히려 루터가 일반적으로 중세 신학이

---

[20] — 마르틴 루터, 『대교리문답』, 서문(1530).15, p. 34.

말했던 것보다 악마를 더욱 심각하게 고려했다고 평가한다.[21] 악마에 대한 루터의 태도는 성경 연구를 통해 얻은 확신과 개인적 경험에 근거한 것이었다. 좀더 자세히 살펴보면, 루터의 태도는 모든 곳에 악마가 있을 수 있다고 생각하고 막연히 두려워했던 동양의 무속적 세계관과는 다르며, 세상에 만연한 악의 원인을 모두 영적 존재인 악마에게 돌리고 악에 대한 싸움이 오직 영적 수준의 대결에만 달려 있다고 여기는 이원론적 태도와도 다르다.

악마에 대한 루터의 가르침에는 세 가지 특징이 있다. 첫째, 사탄에 대한 그의 설명은 언제나 성경에 근거한 것이며 성경의 가르침과 언어를 넘어서지 않는다. 다음 몇몇 성경 구절들은 그의 가르침에 항상 반영된다. 즉 악마는 "이 세상의 임금"으로 하나님 나라를 대항하여 자신의 왕국을 구축하고 있으며(요한복음 12:31; 14:30; 고린도후서 4:4), "우는 사자같이 두루 다니며 삼킬 자를 찾는다"(베드로전서 5:8). 그는 함정과 올무를 놓으며(디모데전서 3:7), 신자의 양심을 향해 불화살을 쏘아 댄다(에베소서 6:16). 때로 신자들을 죽일 권세도 지니지만(히브리서 2:14), 어디까지나 하나님의 제약

21 — 파울 알트하우스, 『루터의 신학』(Die Theologie Martin Luthers, 1961), 이형기 옮김(CH북스, 1994), p. 186.

안에서 활동하는 하나님의 도구일 뿐이다(욥기 1-2장).

둘째, 루터는 사람이 받는 시험의 원인을 모두 악마에게 돌리지 않고, 세 가지로 구별한다. 즉 사람들이 받는 시험을 육체로부터, 세상으로부터, 악마로부터 오는 시험으로 구분할 수 있다고 말한다.[22] 육체로부터 오는 시험은 인간의 "본성 깊은 곳에 달라붙어 있는 모든 종류의 '사악한 욕망'"으로부터 일어나는 시험인데, 음란, 게으름, 폭식, 폭주, 탐욕, 사기 등이다. 이것은 개인 마음의 부패에 기인한 것이므로 개인적 차원에서 시작되고, 밖으로 드러날 경우 타인과 공동체에도 영향을 끼친다. 세상으로부터 오는 시험은 사람들 사이에서 일어나는 멸시, 분노, 경쟁, 교만에서 오는 시험으로, 미움, 시기, 적개심, 폭력, 부정, 불신, 복수, 저주, 욕설, 중상모략, 오만불손, 자만, 분에 넘치는 사치, 명예와 권력욕 등이다. 마지막으로 악마에게서 오는 시험은 하나님의 말씀과 하나님의 사역을 부정하고 무효화하려고 하는 시험이다. 이것은 "바르지 못한 신앙과 오만불손으로" 이끌며, "하나님을 의심하고 부인하며 신성 모독의 길로 유혹"한다. 사람마다 크게 느껴지는 시험이 다른

---

[22] ― 마르틴 루터,『대교리문답』, III.101-108, pp. 275-278.

데, 일반적으로 청소년은 육체의 시험을, 성인과 노인은 세상의 시험을 크게 느끼며 하나님께 더 가까이 나아가려는 그리스도인이나 영적인 일에 관여하는 지도자는 악마의 시험을 크게 느낀다. 악마는 물론 첫 번째 시험과 두 번째 시험의 배후에서도 활동을 하지만, 루터는 이 두 가지 시험의 주된 원인이 사람의 마음과 사람 간 관계에 있다고 보았기에 이렇게 구별했다.

셋째, 루터는 악마의 존재를 의식해야 한다고 강조하지만, 동시에 하나님이 악마를 이길 방편인 기도를 마련해 주셨고 그것을 부지런히 사용함으로써 언제나 악마를 이길 수 있다고 강조한다. 악마에 대해 가르치는 목적은 바르게 분별하고 올바른 방편으로 대응하기 위한 것이다. 그러므로 시험을 당한다고 느낄 때, 우리는 빨리 하나님이 마련하신 안전한 방편인 기도에 의지해야 한다. 이와 관련해 루터의 주목할 만한 두 권고를 인용하는 것으로 글을 맺고자 한다. 아무쪼록 이 책을 통해 성령이 당신의 마음에 다시 기도할 마음을 뜨겁게 일으키시기를 기도한다.

명심하십시오. 오직 기도만이 우리의 보호막이요 방패입니다. 악마와 우리를 뒤흔들려는 모든 악한 세력들을 대항하기에 우리는 심히 연약합니다. 악한 세력은 우리를 우습게 밟아 부술 정도로 강합니다. 그러므로 깊이 성찰하고 무기를 손에 쥐어야 합니다. 그리스도인이라면 악마에 대적하기 위해 그 무기로 무장해야 합니다.[23]

그러므로 우리 그리스도인들은 항상 시험에 대비하여 무장하고 깨어 있어야 합니다. 누구도 악마가 우리에게서 멀리 떨어졌다고 말하지 마십시오. 안전하다고 확신하며 안심할 수 있는 이는 아무도 없습니다. 오히려 우리는 악마의 활시위를 대비해야 합니다. 지금 내가 정결하고 인내심도 있고 친절하며 확고한 믿음 가운데 있다 하더라도, 악마는 급작스레 내 심장을 과녁으로 삼아 활시위를 당길 것이고, 그러면 나는 그 자리에 더 이상 서 있지 못하게 될 것입니다. 악마는 결코 멈추거나 지치지 않는 원수입니다. 하나의 시련이 그치면 곧바로 또 다른 시련을 만들어 냅니다.

    이때 어떤 것도 도움이 되지 못합니다. 그러나 바로 그때, 주님이 가르치신 기도는 위로를 얻게 합니다. 마음 깊은 곳에 담긴 이 기도로 하나님께 말을 걸어 보십시오. "사랑의 아버

---

23 — 앞의 책, III.30, p. 245.

지, 주님은 내게 기도를 가르쳐 주셨습니다. 나로 하여금 시험에 빠지지 않게 하소서!"

당신은 이 기도 후에 피난처를 보게 될 것이고, 시험을 이길 힘을 얻게 될 것입니다. 반대로 기도하지 않고 당신 생각과 뜻대로 해결하려 한다면, 당신 스스로 일을 악화시키는 것이며, 악마에게 더 큰 자리를 내주는 꼴이 됩니다. 악마는 매우 간교한 뱀의 머리를 가졌습니다. 그래서 작은 틈새라도 생기면 우선 머리부터 집어넣습니다. 그 후에 몸 전체가 자연스레 따라 들어오게 됩니다. 그러나 기도는 악마를 막아 내고 쫓아 버립니다.[24]

---

[24] — 앞의 책, III.109-111, pp. 279-280.

옮긴이 김기석은 감리교신학대학교와 동 대학원을 졸업하고 청파교회 전도사, 이화여고 교목, 청파교회 부목사를 거쳐 1997년부터 2024년까지 청파교회 담임 목사로 사역했다. 『끙끙 앓는 하나님』(꽃자리), 『김기석 목사의 청년편지』(성서유니온선교회), 『마태와 함께 예수를 따라』, 『일상 순례자』, 『죽음을 넘어 부활을 살다』(이상 두란노), 『삶이 메시지다』, 『흔들리며 걷는 길』(이상 포이에마) 등의 책을 썼고, 『기도의 사람 토머스 머튼』(청림출판), 『예수의 비유 새로 듣기』(한국기독교연구소) 등의 책을 옮겼다.

해설을 쓴 노종문은 한국과학기술원을 졸업하고 장로회신학대학교 신학대학원(목회학)과 예일대 신학대학원(신약성서학 석사)에서 공부했으며, IVP 출판사 편집장으로 일했다. 현재 기독교윤리실천운동이 발행하는 「좋은 나무」의 편집 주간으로 일하고 있으며, '하나님 나라 복음과 제자도' 시리즈 강의와 '제자도 소모임' 과정을 진행하고 있다. 옮긴 책으로 『스타벅스 세대를 위한 전도』, 『악의 문제와 하나님의 정의』, 『영성지도와 상담』(이상 IVP), 『세상 권세와 하나님의 교회』(복있는사람) 등이 있다.

마르틴 루터의 단순한 기도

초판 발행_ 2020년 1월 20일
초판 4쇄_ 2024년 4월 15일

지은이_ 마르틴 루터
옮긴이_ 김기석
펴낸이_ 정모세

펴낸곳_ 한국기독학생회출판부
등록번호_ 제2001-000198호(1978.6.1)
주소_ 04031 서울시 마포구 동교로 156-10
대표 전화_ (02)337-2257 팩스_ (02)337-2258
영업 전화_ (02)338-2282 팩스_ 080-915-1515
홈페이지_ http://www.ivp.co.kr 이메일_ ivp@ivp.co.kr
ISBN 978-89-328-1740-8

ⓒ 한국기독학생회출판부 2020

책값은 뒤표지에 있습니다.
무단 전재와 복제를 금합니다.